CARLOS GATI

NAS CURVAS DA VIDA

A história de
Paulo Henrique
Pichini

© Carlos Gati, 2024
Todos os direitos desta edição reservados à Editora Labrador.

Coordenação editorial Pamela Oliveira
Assistência editorial Leticia Oliveira, Jaqueline Corrêa
Projeto gráfico e capa Amanda Chagas
Diagramação Amanda Chagas, Estúdio dS
Preparação de texto Iracy Borges
Revisão Eloiza Mendes Lopes
Imagens de miolo Acervo pessoal
de Paulo Henrique Pichini
Foto de capa Victoria Wasser Serrano

Dados Internacionais de Catalogação na Publicação (CIP)
Jéssica de Oliveira Molinari - CRB-8/9852

Gati, Carlos
  Nas curvas da vida : a história de Paulo Henrique Pichini
  Carlos Gati
  São Paulo : Labrador, 2024.
  240 p.

  ISBN 978-65-5625-487-6

  1. Pichini, Paulo Henrique, 1964 - Biografia I. Título

23-6450   CDD 920.71

Índice para catálogo sistemático:
1. Pichini, Paulo Henrique, 1964 - Biografia

Labrador
Diretor-geral Daniel Pinsky
Rua Dr. José Elias, 520, sala 1
Alto da Lapa | 05083-030 | São Paulo | SP
editoralabrador.com.br | (11) 3641-7446
contato@editoralabrador.com.br

A reprodução de qualquer parte desta obra é ilegal e configura uma
apropriação indevida dos direitos intelectuais e patrimoniais do autor.
A editora não é responsável pelo conteúdo deste livro.
O autor conhece os fatos narrados, pelos quais é responsável,
assim como se responsabiliza pelos juízos emitidos.

SUMÁRIO

Agradecimentos — 5
Prefácio de Roberto C. Mayer — 7
Prefácio de Vera Franco — 9
Interlúdio — 11
Introdução — 15
Preâmbulo — 19

CAPÍTULO I - Um pouco da história dos primeiros avanços da tecnologia de computação — 21
CAPÍTULO II - Vida profissional se iniciando — 45
CAPÍTULO III - O caminho para a informática — 67
CAPÍTULO IV - Getronics: um início difícil — 99
CAPÍTULO V - O segundo voo — 117
CAPÍTULO VI - Um time da pesada — 153
CAPÍTULO VII - Pé na tábua: a vida de piloto — 171
CAPÍTULO VIII - Os ancestrais — 217

Epílogo — 230
Bibliografia — 232
Agradecimentos do biografado — 233
Algumas pessoas que contribuíram para a Felicidade plena — 235

AGRADECIMENTOS

Este livro é o resultado de uma conjugação de afetos e amizades.

Agradeço ao biografado, Paulo Henrique Pichini, por abrir brechas entre suas múltiplas atividades para a realização de bate-papos e entrevistas, que fizemos ao longo dos últimos quatro anos.

Foi honroso biografar uma figura que há mais de três décadas vem surfando num mercado em que começou a atuar prematuramente e hoje leva o seu conhecimento e a sua sofisticação administrativa no setor da alta tecnologia não só para executivos, mas também para jovens aprendizes.

Fico igualmente grato à sua esposa Larissa Verticchio Pichini, que, gentilmente, colocou-me em contato com o vasto acervo de seu marido, deixando-me à vontade para vasculhar pastas, portfólios e álbuns de fotografias.

Agradeço ao Ricardo Otero (Rato) e a sua esposa Cynthia Pichini, não só pelo carinho das entrevistas, mas também pelo fornecimento de fotos, álbuns e documentos da família.

Meu muito obrigado também ao sócio do Paulo Henrique, Murilo Serrano, e ao time da Go2next, em especial aos entrevistados Waldir Gregorut, Marcos Rogério dos Santos, Vinicius de Simoni, Evandro Redó (Bozó), Neyre Cristiane Minini e Tatiana Fonseca.

Agradeço igualmente pelas entrevistas realizadas com os executivos Márcio Nóbrega e Carlos Henrique Correa (Kiko), que foram figuras determinantes na vida pregressa de Paulo Henrique Pichini.

Estendo meus agradecimentos também à Cibele Lara, diretora-executiva da Junior Achievement, uma das maiores organizações sociais incentivadoras de jovens do mundo, que requisita executivos para disseminar seus conhecimentos à juventude.

Agradeço à minha mulher Agnes que, além do constante incentivo e das valiosas sugestões, colaborou de maneira expressiva para a conclusão deste trabalho.

Finalmente, meu muito obrigado à minha irmã Luci Gati Pietrocolla, não só pela revisão de todo o material, como pelo fornecimento de inúmeras dicas e observações no preparo e no aperfeiçoamento deste texto.

Carlos Gati

PREFÁCIO DE ROBERTO C. MAYER

É praticamente lugar-comum afirmar que o Brasil é um país sem memória — talvez seja mais justo dizer que a memória do país é fraca. Entretanto, se no nível coletivo pelo menos uma parte da nossa sociedade já adquiriu consciência dessa deficiência, no nível das histórias individuais ela é muito mais grave: pouquíssimos brasileiros sabem algo sobre mais que duas gerações de seus antepassados, muito menos sobre as histórias de vida desses que os antecederam.

Talvez seja essa a razão pela qual nós, brasileiros, somos tão tentados a buscar inspiração em heróis fictícios ou até mesmo lideranças que acabam se comportando como verdadeiros anti-heróis. Entretanto, para inspirar pessoas "normais", precisamos de exemplos que venham de outras pessoas "normais".

Há uma enorme lacuna de textos desse tipo em nosso país. Essa é a importância de uma obra como esta: contar a história de vida de um neto de imigrantes pobres, cujos esforços da família e do próprio biografado lhe permitiram atingir realizações que seu avô muito provavelmente foi incapaz de sequer imaginar.

Nenhuma pessoa "normal" se desenvolve de forma linear e contínua ao longo da vida. Pelo contrário, a vida impõe adversidades e derrotas durante nossa trajetória que transformam nosso caminho numa estrada cheia de curvas. Sim, e ainda precisamos acertar a escolha do caminho nos trevos da estrada para não pegar desvios que passam por lugares ainda piores ou que nem têm saída.

Sem pretender "queimar largada", o biografado ainda tem como hobby um esporte sobre rodas, que o levou a percorrer inúmeras estradas, incluindo trechos de alta velocidade, outros extremamente sinuosos e alguns cheios de atoleiros. Daí que o título "Nas curvas da vida" pode ser interpretado de várias maneiras. Além das curvas literais, o biografado também passou por adversidades pessoais, que não vou antecipar aqui.

No lugar disso, quero chamar a atenção para o autor do texto: trata-se de uma pessoa tão próxima do biografado, que podemos até desconfiar tratar-se de um "paizão babão". Porém, com a leitura, você poderá conferir o quanto o trabalho para sua elaboração envolveu entrevistas, pesquisas jornalísticas e históricas, além de outras técnicas para relatar o percurso das "curvas da vida".

Foi numa dessas curvas que tive o privilégio de conhecer o meu amigo Paulinho, aqui biografado. É difícil admitir que os percursos de nossas estradas se cruzaram há quase quarenta anos. Para ser preciso, faltam apenas alguns meses para completar quatro décadas desse cruzamento, relatado no livro, e que se deu num cenário extremamente incomum. Leia para descobrir!

Passado todo esse tempo, tive o privilégio de constatar que aquele cruzamento foi marcante na vida do meu amigo, a ponto de ele ter me convidado para ser o autor deste prefácio. Assim, quero encerrar expressando minha gratidão, não apenas pelo convite recebido, mas pelo fato de que esse convite e a leitura do texto me deram a certeza de que a sinalização que eu tinha instalado naquele cruzamento foi certeira em viabilizar tudo que ele viveu depois.

E a você, leitor, desejo que esta obra sirva de inspiração para viver melhor e, quem sabe, um dia você possa publicar a sua história de vida em formato de livro. Boa leitura!

Roberto C. Mayer

PREFÁCIO DE VERA FRANCO

Tive o prazer de conhecer Paulo Henrique Pichini por intermédio do jornalista Fred Ghedini, ex-presidente do Sindicato dos Jornalistas Profissionais no Estado de São Paulo, quando trabalhávamos juntos na revista *Link* da Plano Editorial, editora especializada em publicações nas áreas de tecnologia da informação, telecom e internet.

O que mais me impressionou no Paulo Pichini, logo no primeiro contato que tivemos, foi sua intuição e ousadia para olhar a tecnologia com uma visão de negócios — aliás, algo muito diferenciado na década de 1990, quando o mercado priorizava questões eminentemente técnicas, políticas e regulatórias.

Em quase trinta anos de convivência, Paulo nunca parou no tempo. Sempre esteve atento às novas tendências tecnológicas, vislumbrando oportunidades que vão além do *modus operandi* convencional. Prova disso é que esteve à frente na implementação da rede ATM no Brasil, tecnologia que gerencia e otimiza o uso de banda larga, o que, por sinal, colocou a Connect Systems em outro patamar no mercado de tecnologia de rede; além de ser, atualmente, um dos precursores na integração de projetos corporativos no ambiente em nuvem, *cloud computing*.

Na ocasião em que nos conhecemos, no final dos anos 1990, ele estava à frente da Connect Systems, uma integradora 100% nacional e bem-sucedida, disputando com as grandes empresas globais do setor que chegavam ao país. Logo ocorreu a compra da Connect pela holandesa Getronics, que, além de absorver toda a equipe, manteve Paulo como presidente da operação brasileira e depois da América Latina por alguns anos, o que foi essencial para se tornar um executivo global de primeira linha.

Nessa mesma ocasião, a revista *RNT* foi comprada pelo grupo americano Advanstar e fui convidada a assumir a direção de redação, enquanto Ethevaldo Siqueira exercia a função de *publisher*. Minha primeira iniciativa foi ampliar a linha editorial da revista, até então focada em questões políticas e regulatórias, e introduzir uma visão mais voltada para negócios, de forma a atender as necessidades de diferentes segmentos de mercado, como indústria, governo, varejo, serviços e financeiro. Mas para fazer uma cobertura jornalística mais contundente voltada para negócios no setor de telecom precisava contar com o suporte de executivos de diferentes áreas.

Quando convidei Paulo Pichini para colaborar com a *RNT* como colunista e membro do conselho editorial, o que exigia uma participação em reuniões trimestrais com grandes nomes da área de telecom e TI do momento, ele disse nunca ter se envolvido em um projeto editorial, mas não mediu esforços. Paulo foi o parceiro certo das horas incertas nessa empreitada. Ele trazia as tecnologias de ponta, recém-descobertas lá fora, e passávamos horas vendo como isso poderia ser atrativo e aplicável aos diferentes públicos de negócios.

Atribuo a sua coragem e determinação aos vinte anos em que vem se dedicando à formação de piloto de rally de velocidade, participando anualmente de provas no internacional Rally Dakar e no Rally dos Sertões. Isso exige dele um preparo físico, intelectual e psicológico semelhante ao que necessita para tocar suas empresas.

Esse executivo arrojado, leve e sempre de bom humor teve certa ocasião uma atitude com seu pai, Mário Pichini, durante o voo para Florianópolis — que na ocasião levava grande parte da liderança do setor de telecom para a Futurecom, um dos maiores eventos de telecom do país — que jamais esquecerei. Ver Paulo Henrique Pichini, já muito bem-sucedido na época, sentado de mãos dadas com o pai, conversando alegremente como dois parceiros de vida, sem se preocupar a mínima com o pensamento dos outros ao redor, não só me chamou a atenção como me emocionou profundamente. Pensei: "é essa relação que quero ter um dia com minha filha Nina". Na ocasião ela tinha quatro anos, e agora, 26 anos depois, quero dizer, Paulo, que consegui. Obrigada por isso!

Vera Franco
Jornalista especializada na área de tecnologia e negócios com atuação internacional como correspondente baseada em Nova York para os principais jornais e revistas da grande imprensa brasileira.

INTERLÚDIO

Às vésperas do lançamento deste livro, fomos surpreendidos com uma hecatombe que sacudiu o mundo e colocou toda a população em desespero: o coronavírus, a covid-19.

Em meados de março de 2020, a então epidemia começava a se alastrar e os ventos já não eram mais os mesmos. O insustentável começava a fazer parte do dia a dia das pessoas e as incertezas foram o pano de fundo nessa tragédia que fazia milhares de mortos e acometidos, diariamente, em todo o planeta. O toque de recolher parecia ser iminente. Idosos e pessoas com doenças preexistentes se tornaram as principais faixas de risco, sendo os primeiros a cumprirem a famosa frase do surto: "fique em casa".

Hospitais de campanha foram construídos em meio a compras emergenciais de respiradores e equipamentos de proteção contra o coronavírus. Aí surgiu um verdadeiro festival de irregularidades, com inúmeros episódios de compras superfaturadas sem licitação, entrega de produtos com defeito e por aí afora. A pandemia acabou virando ouro nas mãos de políticos corruptos e alguns deles — só alguns — acabaram sendo presos.

O pânico parecia estar instalado no país, em meio às incertezas cada vez mais frequentes. Fechou-se tudo, comércio, escolas, parques, além do isolamento social. Impôs-se a utilização de máscaras e álcool em gel como os principais inibidores de possíveis contaminações.

Os alunos passaram a ter aulas virtuais, um método exaustivamente polemizado pela sociedade, que nunca acreditou na sua eficiência pedagógica. Iniciou-se, meses depois, a flexibilização, com a abertura parcial de shoppings e comércio em geral, parques e transporte público. Os coletivos voltaram aos velhos tempos, com superlotação e ameaça incontestável à disseminação do vírus. Para conter a fome de desempregados, cujo número se avolumava cada vez mais, em todos os setores da economia, o governo federal concedeu um auxílio emergencial a mais de 65 milhões de brasileiros.

Em que pese o saldo da pandemia, resolvemos retomar o trabalho, com o assentimento do biografado, que, também, a passos lentos, foi reaquecendo a sua vida e conseguindo resultados satisfatórios na esfera digital de sua empresa.

Seu outro lado, o de piloto, também não o afastou das pistas off-road durante a pandemia. Fez um preparo intenso para mais um desafio que aconteceria no final do mês de outubro e início de novembro de 2020: o Rally dos Sertões, totalmente diferenciado, em razão da mesma pandemia. Este foi, aliás, o único rally que não concluiu em sua vida.

Quando o mundo registrava mais de 1,8 milhão de mortes e o Brasil quase 200 mil, no início de janeiro de 2021, o quadro obituário foi cedendo espaço aos estudos avançados de vacinas contra a covid-19 que começaram a dar um novo alento à angustiada população mundial. O Reino Unido liderou essa corrida, no início de dezembro de 2020, sendo logo seguido pelos Estados Unidos. O Brasil iniciava a imunização em meados de janeiro de 2021. Mas persistia uma incógnita no ar.

O lançamento deste livro foi adiado várias vezes, enquanto o número de casos e de mortes aumentava.

Laboratórios em várias partes do mundo aceleraram o processo na fabricação de vacinas, numa luta constante contra um vírus que se disseminava e surpreendia com novas variantes.

Pacientemente, fomos acreditando no poder das vacinas e na diminuição de casos em esfera mundial.

Jamais pensamos que na parte final deste trabalho, no quarto trimestre de 2021, ainda conviveríamos com esse vírus, com o uso de máscaras, álcool em gel e distanciamento social, tão preconizados no início da pandemia.

Somente no primeiro trimestre de 2022 é que a população brasileira, protegida por várias doses do imunizante, foi, aos poucos, desfazendo-se desses rígidos controles e voltando, também aos poucos, à vida normal.

Essa nova conjuntura se abateu também na trajetória deste livro, que teve um novo impulso a partir de então. Contatos foram retomados, estímulos redobrados, mais capítulos inseridos, até a sua caminhada para a editoração.

INTRODUÇÃO

Antes de tudo, quero, mais uma vez, registrar o meu agradecimento a Paulo Henrique Pichini por me honrar com o convite para escrever este livro. É óbvio que o convite tem a ver com o afeto que inundou o nosso passado, em conjunto com seus pais, Mário e Maria Vicentina, carinhosamente chamada de Nina, e sua irmã Cynthia. Foram anos de muita convivência com esse casal, que se iniciou no bairro do Brás e se perpetuou até os dias finais de suas vidas. Outro fator que atribuo como benéfico é o histórico de minha própria vida profissional, um jornalista que já havia publicado um livro e com larga experiência na profissão, tendo trabalhado em vários órgãos de comunicação de São Paulo.

A princípio, relutei em aceitar o convite porque éramos muito próximos e pensei em algum momento faltar com a devida isenção que uma biografia requer. Refletindo sobre essa questão, confesso que, na verdade, foi ela que me estimulou a aceitar o convite, uma vez que a rica convivência com ele e sua família, os passeios que fazíamos juntos, a vivência no cotidiano familiar, enfim, as histórias absorvidas, contadas e vividas e, obviamente, o perfil de sua arrojada trajetória, constituíam um rico material, com particularidades relevantes e únicas para a realização da proposta. Assim, aceitei o desafio.

Lembro-me muito bem do primeiro emprego do Paulo Henrique num banco, quando, voluntariamente, arrancou seu talão de cheques, bem fininho, com cinco ou dez folhas, no máximo, não me lembro, e foi correndo pagar a conta que eu e seu pai, Mário Pichini, consumimos num pequeno boteco. Foi o primeiro gesto adulto que vi naquele menino, que se tornaria mais tarde um dos grandes executivos deste país.

Paulo Henrique veio de uma família simples. Seus pais, no início do casamento, moravam na periferia de São Paulo, Vila Carrão, situada na Zona Leste da capital. Com a vida financeira um pouco melhor, se mudaram para o bairro do Brás, já perto do centro da cidade, onde nasceram seus dois filhos: Cynthia e Paulo Henrique.

Na faixa dos 15 anos, Paulo fez um teste e entrou no Banco Real, hoje Santander, para participar do projeto "Plano de Estagiário Menor", idealizado pelo próprio dono da instituição, Dr. Aloysio Faria, um bilionário que previa a preparação de jovens talentosos para a carreira de executivos daquela instituição. Mas aquele jovem queria mais... muito mais!!! A informática revelou-se o caminho que possibilitou a realização de seus desejos. Seu aprofundamento na área foi tão grande que acabou por virar referência nesse setor em todo o Brasil.

Visionário como é, agiu rápido e se antecipou às outras empresas em termos de inovações. Fez parcerias com as organizações mais sofisticadas do mundo e outras gigantes do setor. E esse trabalho continua, sempre com alguma inovação surpreendente.

É admirável a intensidade de sua luta e a profusão de conquistas em outros setores.

Em abril de 2016, apresentou ao mundo um arsenal tecnológico de altíssimo nível desenvolvido em um caminhão, o chamado TechTruck2Go, sedimentado no que há de mais avançado na Internet das Coisas, IoT na sigla em inglês, que é uma rede global crescente de objetos habilitados para internet que transferem dados e se comunicam entre si. Trata-se, na verdade, de um gigante caminhão high-tech, um *truckdream*, com um *data center* de 15 metros de comprimento que arranca aplausos e admiração em todos os lugares onde atua. O sucesso foi tão grande que gerencia o Rally dos Sertões, uma das mais importantes competições brasileiras, com dez dias de duração e que acontece anualmente, além de eventos corporativos.

Você já imaginou um piloto brasileiro treinando nas dunas do deserto da África para participar do Rally Dakar, a mais longa prova de rally do mundo? Pois é, esse piloto é ninguém mais que o Paulo Henrique Pichini, que já participou de vinte edições do Rally dos Sertões, cada uma mais interessante que a outra no tocante às suas aventuras.

Outro dom que merece destaque em sua vida é o da oratória, um atributo que surgiu de maneira muito curiosa. Um alto executivo da empresa em que trabalhava tinha um certo grau de sigmatismo, o que o inibia de falar em público. Assim sendo, transferiu todo o seu conhecimento ao Paulo Henrique, que não só aproveitou aquele momento, como se especializou e virou um palestrante de primeira grandeza no Brasil e em várias partes do mundo.

O que se denota na vida do nosso biografado é que ele sempre fez uma jogada inteligente após outra e sua história e suas experiências devem ser repassadas, principalmente aos jovens e aos adolescentes. Foi à luta, consciente da nobreza da causa. Havia ali um tesouro, um pioneirismo inconteste, muita luta, perseverança, determinação e profusão de conquistas em outras áreas. Tinha de ser registrado.

PREÂMBULO

No ano em que o Paulo Henrique nasceu, 1964, o país fervilhava com manifestações esquerdistas pró-Jango, João Goulart, então presidente do Brasil, e forças de direita, representadas por diversos segmentos da burguesia e lideranças do grande capital nacional e estrangeiro. Esse segundo grupo, com o apoio das Forças Armadas, derrubou o regime eleito pelo povo e implantou uma ditadura militar que viveria por 25 longos anos.

Em que pesem as circunstâncias, os militares desenvolveram muitos avanços no setor de tecnologia no Brasil, até então incipiente e irrelevante.

Em 1º dezembro de 1964, Humberto de Alencar Castelo Branco, que foi o 26º Presidente do Brasil e o primeiro da ditadura militar, criou aquela que seria a maior empresa pública de tecnologia da informação do mundo, o Serpro (Serviço Federal de Processamento de Dados)[1]. Vinculada ao Ministério da Fazenda, a empresa é o maior provedor de soluções tecnológicas para o Estado brasileiro.

Três anos depois, em 1967, tomou posse, por meio do colégio eleitoral, o novo presidente da República, general Artur da Costa e Silva, que, no ano seguinte, em 1968, implantou o famigerado Ato Institucional nº 5 (AI-5), considerado o momento mais duro e perverso do regime militar, com o cerceamento de liberdade, perseguições políticas, torturas e um vasto elenco de ações arbitrárias.

---

1 *Jornal O Estado de São Paulo* – 1º de dezembro de 1964 – Criado pela Lei nº 4.516 o Serviço Federal de Processamento de Dados (Serpro), empresa pública voltada para modernizar e dar agilidade a setores estratégicos da administração pública.

Foi justamente no ano de 1968[2] que conheci e passei a ser colega do também jornalista Mário Pichini[3], pai do biografado, no jornal *O Dia*, situado, na época, na rua Três Rios, bairro do Bom Retiro, na capital paulista. Vivemos um período difícil profissionalmente, em razão daquele momento político, mas que, por outro lado, do ponto de vista pessoal, foi de extrema empatia mútua, cristalizando-se numa amizade profunda e duradoura, que envolveu as nossas famílias.

O ano de 1968 também representou um marco para a área de tecnologia, com o surgimento, nos Estados Unidos, da Intel Corporation. A empresa, que seria a maior fabricante de microprocessadores do mundo, "o cérebro dos PCs", nasceu do desejo de seus fundadores, Robert Norton Noyce e Gordon Earle Moore, de desenvolverem uma alternativa para a memória dos computadores com base na tecnologia de semicondutores — a matéria-prima para a produção de chips usados nos mais diversos aparelhos eletrônicos, como *smartphones*, videogames e computadores.

---

2 1968 "foi o melhor dos tempos e o pior dos tempos, a idade da sabedoria e da insensatez, a era da fé e da incredulidade, a primavera da esperança e o inverno do desespero. Tínhamos tudo e nada tínhamos." É curioso como as palavras usadas por Charles Dickens para falar do final do século XVIII na Europa servem para descrever 1968 no Brasil. (trecho do livro *1968: o ano que não terminou*, do jornalista e escritor Zuenir Ventura).

3 O nome Pichini se escreve, originariamente, Piccini, mas como sempre acontece em cartórios brasileiros, o escrevente não teve o cuidado de transcrever a denominação correta.

CAPÍTULO I

UM POUCO DA HISTÓRIA DOS PRIMEIROS AVANÇOS DA TECNOLOGIA DE COMPUTAÇÃO

Em 1985, o Brasil começou a respirar democracia com a vitória parcial da sociedade e, em janeiro daquele ano, Tancredo Neves foi eleito presidente da República pelo último colégio eleitoral do país. Nessa época, com 21 anos, Paulo Henrique Pichini começava a realizar seus sonhos no caminho da computação, que ainda estava nos seus primórdios nos Estados Unidos. Sabe-se que nos anos 1960 os computadores estavam entrando na 3ª geração. Nesse período, já eram usados os circuitos integrados, que permitiam que uma mesma placa armazenasse vários circuitos que se comunicavam com hardwares distintos ao mesmo tempo. Dessa maneira, as máquinas se tornaram mais velozes, com um número maior de funcionalidades. O lançamento do primeiro microprocessador, em 1971, marca o término dessa geração.

A 1ª geração de computadores vigorou de 1940 a 1952, conforme pesquisas da Universidade Federal da Paraíba, quando os equipamentos eram constituídos de válvulas eletrônicas grandes, caras, lentas e que queimavam com grande facilidade. O computador tinha apenas uso científico e estava instalado nos grandes centros de pesquisa. A única forma de armazenar dados era por meio de cartões perfurados.

A 2ª geração (1952-1964) foi originada pela revolução dos transístores, que substituíram as volumosas válvulas. Houve uma enorme diminuição de cabos e fios, tendo em vista que cada transístor substituía dezenas de válvulas. Assim, os computadores tornaram-se consideravelmente menores e muito mais velozes. Com o desenvolvimento das técnicas de integração, surgiram os circuitos integrados, em que uma pequena cápsula continha várias dezenas, centenas ou milhares de transístores, ocupando uma área menor que uma unha, denominando-se microprocessador. Foi aí que surgiu a 3ª geração, já citada, que evoluiu de 1964 a 1977 com a utilização dos circuitos integrados.

A 4ª geração (1977-1991) teve como marco inicial o surgimento do microprocessador, grande redução no tamanho dos computadores e a chegada de muitas linguagens de programação de alto nível. *É nessa geração que nasce a teleinformática, ou seja, a transmissão de dados entre computadores através de rede.*

E a 5ª geração, que começou em 1991 e perdura até os dias atuais, é marcada pela inteligência artificial e por sua conectividade. A partir da década de 1980, os computadores começaram a se popularizar e hoje são realidade para bilhões de pessoas do mundo inteiro.

Com uma inclinação precoce, o jovem Paulo Henrique começou cedo a encontrar o caminho da tecnologia e comunicação sem conhecer ainda os preceitos e os protocolos do desenvolvimento da computação no mundo.

Foi graças à intuição de seu pai que o menino adentrou o universo da comunicação. Percebendo as predileções do filho caçula, Mário Pichini resolveu um dia levá-lo ao Sindicato dos Jornalistas de São Paulo, na rua Rego Freitas, para assistir a uma palestra do também jornalista Ethevaldo Siqueira[4], considerado o pai do jornalismo de tecnologia no Brasil, que faleceu aos 90 anos, em 16 de outubro de 2022. Naquela ocasião, Ethevaldo tinha voltado do Japão e contou tudo o que viu, sempre com o foco na comunicação e na inovação.

Paulo tinha entre 11 e 12 anos e ainda cursava a Escola Estadual Romão Puiggari, no Brás, quando, pela primeira vez, assistiu a algo diferente e que realmente o interessava. O palestrante nunca imaginou que naquela plateia havia um garotinho, bem precoce e muito inte-

---

4 Ethevaldo Mello de Siqueira foi um jornalista, escritor e consultor especializado em telecomunicações, eletrônica de entretenimento e novas tecnologias da informação. Nasceu em Monte Alto, interior paulista, em 1932. Especializou-se em tecnologia digital muito antes que esse tema fosse levado às redações dos jornais. Iniciou sua longa carreira como repórter do *Estadão*, onde trabalhou por 45 anos, passando pelos cargos de editor, repórter especial e colunista. Fundou e dirigiu as revistas *RNT – Revista Nacional de Telecomunicações* (1979 a 2001) e a *Telepress Latinoamerica* (1991 a 2001), ambas vendidas para o grupo Advanstar Communication. Foi colaborador especial da revista *Veja* e comentarista da Rádio CBN, com a coluna diária Mundo Digital. Exerceu a profissão de professor de tecnologia da informação na USP, além de ter sido criador do site Mundo Digital.

Entre os vários eventos históricos que cobriu, pode-se destacar o desenvolvimento dos programas espaciais dos Estados Unidos e da extinta União Soviética, a chegada do homem à Lua, as revolucionárias mudanças tecnológicas no Brasil e no mundo, o surgimento da internet das coisas e a inteligência artificial. Entre os vários prêmios que acumulou ao longo da carreira, destacamos duas edições do Prêmio Esso de Jornalismo nos anos de 1968 e 1978.

ressado no tema, que mais tarde seria colunista e um dos membros do conselho editorial da revista *RNT*, criado pela então diretora de redação Vera Franco, do qual participaram grandes lideranças da área de tecnologia do país. A dedicação de Paulo, sempre conectado às últimas tendências tecnológicas internacionais, levou-o ainda a ser capa de uma das edições da revista.

Coincidentemente, no ano em que o Paulo Henrique nasceu, em 1964, dois estudiosos[5] inventaram nos Estados Unidos o Basic, uma linguagem de programação simples, mas poderosa, com o objetivo de democratizar a computação e levá-la a toda a população universitária. Com o Basic, mesmo crianças em idade escolar — o jovem Bill Gates, entre elas — poderiam começar a escrever os próprios programas.

No ano de 1977, Steve Jobs, em parceria com Steve Wozniak e Mike Markkula, entre outros, desenvolveu e comercializou uma das primeiras linhas de computadores pessoais de sucesso, a série Apple II. No ano anterior, a dupla iniciava a carreira meteórica, com o lançamento ainda artesanal do Apple I. No caso de Gates, a produção da primeira linha de computadores pessoais como conhecemos hoje só foi possibilitada por uma parceria entre a Microsoft e a IBM nos anos 1980.

Foi nessas pesquisas que vi algumas semelhanças do trabalho, bem como da obstinação, de Paulo Henrique Pichini e seu sócio Murilo Serrano com os "gênios" da computação Bill Gates e Paul Allen, da Microsoft, e Steve Jobs e Steve Wozniak, da Apple. É claro que em condições histórico-sociais muito diferentes, mas num período em que essa juventude tinha um objetivo comum: seduzida pela tecnologia, atraída pelo desejo obsessivo de vencer, queria sempre estar à frente de seu tempo e desafiar os paradigmas da própria tecnologia.

---

5 Os dois estudiosos são John George Kemeny, cientista informático e educador estadunidense, nascido em Budapeste, na Hungria, em maio de 1926, e falecido em dezembro de 1992, em Hanover, nos Estados Unidos; e o outro, Thomas Eugene Kurtz, também cientista, nascido nos Estados Unidos, que completou 95 anos em fevereiro de 2023. Kurtz foi um dos ganhadores do Prêmio Pioneiro de Computação (Computer Pioneer Award), nos Estados Unidos, em 1991.

Segundo suas lembranças mais remotas, as da infância, Paulo Henrique sempre pensou em trabalhar em computação, eletrônica, telecomunicações e transmissão de dados. Mesmo no tempo em que trabalhava muito, nunca se identificou como um workaholic, mesmo porque sempre deu muito valor à vida e à liberdade.

O VELHO BRÁS

Um bairro carregado de histórias. Um português de nome José Brás, possuidor de uma chácara na região, entre as várias existentes, teria construído a igreja do Senhor Bom Jesus de Matosinhos, ao redor da qual se desenvolveu um povoado que daria origem ao bairro do Brás, perpetuando o nome do seu fundador. Conhecida como paragem do Brás, a região servia de intercâmbio para aqueles que se dirigiam da freguesia da Sé à freguesia de Nossa Senhora da Penha, onde já existia um povoamento desde o século XVII. Esse caminho de mais ou menos 10 km conhecido como estrada da Penha compreende hoje as avenidas Rangel Pestana e Celso Garcia.

O Brás foi alçado à categoria de freguesia em 8 de junho de 1818, e a igreja construída por José Brás tornou-se a sua matriz. A partir da segunda metade do século XIX, a cultura do café impulsionou a urbanização e a industrialização da cidade de São Paulo. Chegaram aqui os trilhos da São Paulo Railway Company, primeira ferrovia do estado que ligava Santos a Jundiaí. A estação do Brás foi inaugurada em 1867 e, ao longo desses trilhos, desenvolveu-se a indústria e o pequeno comércio. Com seus terrenos baratos e sujeitos a inundações, Brás e Mooca tornaram-se os principais destinos da maioria dos trabalhadores que chegavam à cidade.

O desenvolvimento do bairro foi lento, até que veio a cultura do café e com ela os imigrantes. Assim que desembarcavam em Santos, eram encaminhados de trem até o Brás, de onde partiam para as lavouras de café no interior do estado. Muitos imigrantes preferiam ficar na capital, o que transformou o bairro num local onde a influência italiana se fez sentir de maneira decisiva, pelo fato de os italianos constituírem a maior parte de imigrantes que ali desembarcavam. A partir de então, as fábricas que já tinham começado a surgir juntaram-se às lojas e aos pequenos negócios, subsidiando o processamento e o comércio do café. Tudo isso trouxe um grande desenvolvimento ao bairro.

Até 1872, a iluminação pública da cidade era feita basicamente por lampiões a óleo, e foi nesse ano, no Brás, que se estabeleceu a primeira companhia desse produto, a inglesa San Paulo Gas Company[6].

> A iluminação a gás foi um tremendo avanço naquela época, preparando terreno para a luz elétrica, que viria a partir de 1906, com a Light, mas teve o desenvolvimento acelerado exatamente a partir de 1922. Nesse período, os bondes puxados a burro começaram a desaparecer, substituídos pelos elétricos. (BRANDÃO, 2008, p. 37)[7]

Em 1886, o Brás tinha 6.000 habitantes e, em sete anos, esse número aumentou cinco vezes, sendo a maioria de italianos que começaram a montar suas pequenas fábricas no bairro. Para receber e dar abrigo provisório aos imigrantes, instalou-se e começou a funcionar, em 1882, no Bom Retiro, uma hospedaria, que acabou não dando certo. Logo foi substituída por uma outra, no Brás, ao lado dos trilhos do trem. Os primeiros "hóspedes" chegaram em 1887.

---

6   Em 28 de agosto de 1872, a companhia inglesa San Paulo Gas Company foi autorizada pelo Império brasileiro a explorar a concessão dos serviços públicos de iluminação de São Paulo. Em 1912, a canadense Light assumiu o controle acionário da San Paulo Gas Co. Ltda. e, em 1959, após 87 anos, a empresa é nacionalizada, passando a se chamar Companhia Paulista de Serviços de Gás. O decreto foi assinado pelo então presidente da República Juscelino Kubitschek, no dia 12 de junho daquele ano. A partir de 1968, a empresa passou a ser administrada pelo município, quando recebeu o nome de Companhia Municipal de Gás (Comgás).

7   Trecho extraído do livro *Thomaz e Eunice uma evocação*, de Ignácio de Loyola Brandão, ao biografar a história do casal que fundou a Drogaria São Paulo. Citando o historiador Roberto Capri, ele diz que o Brás era o "pulmão industrial" daquela época.

Francisco Matarazzo[8] foi um dos poucos empresários que chegou a morar por algum tempo no Brás, na rua do Gasômetro, e suas primeiras fábricas foram instaladas na rua Monsenhor Andrade[9]. Foi nesta rua que Paulo Henrique morou até os 14 anos.

Na década de 1970, com a construção das estações de metrô Brás, Pedro II e Bresser, centenas de casas foram desapropriadas e milhares de pessoas perderam suas residências. Na atualidade, as ruas do bairro são sinônimo de comércio popular. Com o correr do tempo, o Brás foi perdendo a característica italiana, dando lugar ao comércio nordestino, ou seja, alimentos, roupas e músicas.

Hoje, o bairro abriga as sedes dos maiores templos religiosos do mundo, como: Cidade Mundial, da Igreja Mundial do Poder de Deus; e o Templo de Salomão, da Igreja Universal do Reino de Deus.

A INFÂNCIA NO BRÁS

Paulo Henrique nasceu no Hospital do Servidor Público Estadual, na Vila Clementino, em 25 de novembro de 1964. Morou na rua Monsenhor Andrade, num prédio de apenas dois andares, no bairro do Brás, um local tranquilo, sóbrio e de poucas pessoas caminhando pelas calçadas. Na frente do prédio ficava o Senai Roberto Simonsen (Serviço Nacional de Aprendizagem Industrial), que existe até hoje, e a fábrica do Matarazzo, figura histórica que construiu, naquela rua,

---

8 Francisco Matarazzo é filho do conde italiano Francesco Antonio Maria Matarazzo (esse título foi-lhe outorgado pelo rei Vitor Emanuel, que governou a Itália no período de 1900 até sua abdicação, em 1946). Francisco Matarazzo imigrou para o Brasil em 1881 e criou o maior complexo industrial da América Latina no século XX. A riqueza produzida pelas indústrias do patriarca ultrapassava o PIB de qualquer estado brasileiro, com exceção de São Paulo.

9 Foi na rua Monsenhor Andrade que a família ergueu o Moinho Matarazzo, um marco da indústria nacional. Com o moinho, Matarazzo criou uma rede de produção para atender as demandas, como tecelagem para os sacos de farinha e uma pequena metalurgia para moldar as ferramentas que seriam usadas no dia a dia. O edifício foi tombado oficialmente em 1992 pelo Conselho Municipal de Preservação do Patrimônio Histórico, Cultural e Ambiental da Cidade de São Paulo (Compresp). Fonte: History Channel Brasil.

um moderno moinho de vento no ano de 1900. Aliás, esse complexo se constituiu na maior unidade industrial da cidade de São Paulo na época, produzindo 2.500 sacos de farinha por dia. No final da rua Monsenhor Andrade ficava a zona cerealista, que também existe até hoje.

O prédio de número 221 daquela rua tinha dois andares, com quatro apartamentos, dois em cada andar. No térreo havia uma loja de carimbos; no primeiro andar, um consultório dentário num dos apartamentos, e o outro era ocupado pelo casal Heloísa e Henrique. No segundo andar, mais dois apartamentos, sempre um de frente para o outro. Do lado esquerdo moravam os Pichini e, em frente a eles, uma senhora japonesa, viúva, com três filhas.

A mãe dessas meninas sofria de esquizofrenia e foi um terror na vida das crianças, pois vivia amedrontando-as e corria atrás delas sempre que tinha uma oportunidade. Até Nina, mãe do Paulo e da Cynthia, um dia foi agarrada por ela, assustando e gerando um trauma na vida do Paulo Henrique. Somente mais tarde ele pôde entender, após a explicação da mãe, que a japonesa fazia aquilo apenas para provocar as crianças, mas ambas se davam muito bem.

Nina se dava muito bem com todo mundo. Nas entrevistas que me concedia, o Paulo nunca se esquecia de enaltecer o papel de sua mãe, "uma amiga, escudeira, conselheira, de uma sabedoria incrível e que me ajudou muito nas tomadas de decisões". Era uma pessoa bastante generosa, mas também impetuosa e agressiva quando perdia os limites. "Minha mãe era quase bipolar", brincou.

Em cima dos dois apartamentos havia uma pequena área, comum aos moradores, com um tanque e um varal. As crianças — Paulo, sua irmã Cynthia e as três japonesinhas — transformaram esse pequeno espaço no local predileto de brincadeiras. Mas aí tem também uma história curiosa, pois a área serviu de abrigo a um pintinho de galinha, como se recorda Paulo Henrique, que o ganhou e o criou com o maior carinho. Ele aquecia o ambiente em que o bichinho ficava, dava-lhe água e ração todos os dias. O pintinho começou a crescer e, um belo dia, num dos aperitivos de fim de semana, um amigo em comum, Fernando, irmão deste narrador, não teve dúvidas quando bateu a fome. O momento era de uma crise brava, pouco ou quase nada de dinheiro no bolso, e o jeito foi fazer a cabeça do Mário, meio que desempregado naquela época, e sacrificar o bichinho, levando-o para a panela. Não deu outra. O Paulo, meio desconfiado, preferiu acreditar na história inverídica do pai de que o pintinho adoecera e acabara morrendo.

Outro dissabor que marcou muito a infância do Paulo Henrique foi um sujeito, com aparência de alemão, que soltava seu cachorro, um pastor-belga, grande e bonito, atrás dele e das demais crianças. Quanto mais corriam, mais ele gargalhava e fazia ameaças. Só que, numa dessas corridas, o cão mordeu a perna do Paulo Henrique, que foi chorando e atemorizado para casa. Seu pai, Mário, tirou satisfações com o sujeito, que era um ex-combatente de guerra e tinha lá as suas sequelas em decorrência disso. Percebendo a anormalidade do indivíduo, o jeito foi avisar as crianças para terem mais cuidado e perspicácia quando avistassem o alemão e o seu bravo cão pastor.

Antes de entrarem na Escola Estadual Romão Puiggari, Paulo e Cynthia cursaram o pré-primário na escola particular Rainha Margarida, na rua do Gasômetro. A Cynthia, mais velha, entrou primeiro, mas chorava tanto, clamando pela mãe, que os pais resolveram colocar Paulo Henrique junto dela para suavizar a situação. Ele, na verdade, nem tinha idade para frequentar a escola, apenas 4 anos, mas mesmo assim foi inscrito, especialmente para fazer companhia à irmã.

Depois de alguns anos de frequência no Romão Puiggari, o garoto já ia caminhando, sozinho, até a escola, sempre sob os olhos atentos de sua mãe, que ficava na janela do apartamento, vigiando-o e acompanhando seus passos até a travessia da movimentada rua do Gasômetro. Às vezes, ele fingia que atravessava, até para enganar a sua mãe, com o intuito de entrar numa loja de autopeças que adorava e que acabou por influenciar também a história de sua vida. O dono do estabelecimento colocava-o sobre o balcão e ficava brincando com ele por um bom tempo. Talvez tenha começado aí a sua vocação para o automobilismo, quando já pilotava pelas calçadas o seu pequeno carrinho de rolimã.

Com o passar do tempo, graças à vida extraordinária que levou, pôde agregar à sua performance de empresário o hobby de piloto off-road, um capítulo fascinante descrito à parte neste livro.

Paulo Henrique era um garoto rueiro, a ponto de seu pai chamá-lo de "vira-lata", de tanto que brincava na rua com seus amigos. Com 5 anos jogava bola, empinava pipas e adorava correr no seu carrinho de rolimã. Com um estilingue no pescoço, dizia para a mãe que ia caçar passarinho. Isso em plena rua do Gasômetro, com todo aquele tráfego de ônibus, trólebus e veículos dos mais diversos possíveis. Nessa mesma rua movimentada, ele e o amiguinho Claudio fizeram uma casinha no alto de uma árvore, que tinha até teto, porta e janelas. Para Paulo, era um luxo, porque, acima de tudo, dava para enxergar, lá de cima, a careca de seu pai quando vinha do trabalho e, quando isso acontecia, virava um super-herói e ia voando para casa, a fim de chegar antes dele.

Como a vida financeira de seus pais era bastante limitada, Paulo Henrique foi afeito ao trabalho desde pequeno, até para não precisar pedir dinheiro a eles. Com 12 anos começou a vender amendoim em frente ao Senai, na rua da sua casa, mas ficou malvisto pelos moleques, porque o achavam muito "mauricinho" e até elegante demais naquele circuito. Não demorou muito para ser expulso dali e ouvir: "suma daqui, galego". Nas férias, arrumou emprego de office boy numa imobiliária e, após três meses, tendo o período da manhã livre, conseguiu trabalho em uma distribuidora de remédios, situada perto de sua casa, na rua Monsenhor Andrade, no período das 8h às 12h, como etiquetador de remédios. Assim era o Brás em que Paulo Henrique nasceu e viveu até os seus 14 anos, mas já sabendo que o seu futuro seria longe dali. Sua história é recheada de peculiaridades e atributos de um menino que pensou grande e, aos poucos, foi realizando seus sonhos e objetivos.

> *"O sonho é que leva a gente para a frente. Se a gente for seguir a razão, fica aquietado, acomodado."*
> Ariano Suassuna

EMOÇÕES E COINCIDÊNCIAS

Dentre as inúmeras entrevistas que fiz com Paulo Henrique, em uma delas, realizada em meados de abril de 2017, fomos ao Brás para visitar a Escola Estadual Romão Puiggari, onde iniciou sua vida estudantil, situada na avenida Rangel Pestana.

Escola Estadual de 1º grau Romão Puiggari, na qual estudou do pré ao final do ginásio.

Paulo Henrique visita a sala de informática da Escola Estadual Romão Puiggari.

Essa escola foi, na verdade, uma resposta à necessidade de atender cada vez mais a demanda do bairro, que não parava de crescer. A ampliação do edifício se fez urgente e necessária face ao crescimento acelerado, principalmente, da industrialização e imigração.

A Escola Estadual Romão Puiggari foi projetada por Ramos de Azevedo, papa da arquitetura da época, e depois tombada pelo Conselho de Defesa do Patrimônio Histórico, Arqueológico, Artístico e Turístico do Estado de São Paulo (Condephaat). Seu presidente, Carlos Augusto Mattei Faggin, em uma entrevista *in loco*, por ocasião do Dia do Professor, realizada em 3 de outubro de 2018, classificou essa instituição de ensino como uma das mais significativas das 126 escolas tombadas pelo órgão.

Nossa visita à escola ocorreu em abril de 2017, num dia de muita chuva na capital paulista, e a circulação de veículos, que sempre foi ruim, estava para lá de péssima naquela manhã. Com o GPS à mão, Paulo Henrique foi desviando o quanto pôde daquele trânsito verdadeiramente infernal. Do Morumbi até a escola, cuja distância não passa de 18 km, levamos cerca de duas horas e meia. Ele afirmou que queria fazer essa visita há muitos anos, mas os afazeres da vida sempre o impediam e, se não fosse o imperativo do livro, esse encontro seria, certamente, adiado por mais algum tempo. Fez questão de estacionar o carro justamente na rua Monsenhor Andrade, quase em frente ao prédio de número 221, onde morou na infância. O encantamento desmoronou quando viu o pequeno edifício pichado, degradado e semimorto, ao contrário de seu tempo, quando havia vida, cores, doçura e sonhos. Um contraste incrível entre passado e presente. O local já não era o mesmo, mas permitiu a ele sentir ali o gosto do que já foi belo e alegre.

Caminhando até a escola, em meio a prédios centenários, espantou-se ao ver a ainda existente oficina "Meia-Noite", situada na avenida Rangel Pestana. Um pouco à frente, na rua do Gasômetro, pôde apreciar também árvores centenárias, onde brincava e caçava passarinhos de estilingue em riste. Recordou-se de uma passagem subterrânea sob a avenida Rangel Pestana, desativada tempos depois, quando ia para a escola. O trajeto, embora perto, ficou longo aos seus olhos que brilhavam e se emocionavam naquele ambiente nostálgico do velho Brás. Fomos recebidos pela Andréa Severino, diretora da escola, que já nos aguardava há um bocado de tempo. Na época, o trio gestor da Escola Estadual Romão Puiggari era composto por Maria Cristina Canedo de Camargo, diretora titular, Andréa Severino, diretora substituta, e Rodolpho Michel da Silva Guimarães, coordenador pedagógico.

Um véu de encantamento e decepções foi desfilando nas expressões do Paulo Henrique ao perambular pelos corredores, pátios e salas de aula da secular instituição.

Muito solícita, Andréa o levou a conhecer a sala onde estudou e várias outras dependências daquele monstro arquitetônico que exibia belezas, como o piso de ladrilhos hidráulicos ainda originais, portas enormes maciças de madeira escura, janelas exuberantes, enfim, uma suntuosidade que poderia ser perene, mas cujo desgaste do tempo, aliado à falta de manutenção, deixava aquele ambiente um pouco velho e triste.

A sala de informática, por exemplo, que ele fez questão de visitar, era de dar pena, com vazamentos escorrendo pelo chão, poucos computadores e sem um profissional da área para orientar os alunos.

Andréa afirmou que o estado não havia escalado nenhum profissional específico para esse fim, ao contrário da prefeitura, que tinha, pelo menos, um professor de apoio para a sala de informática.

Conhecedor do assunto, Paulo Henrique afirmou que as autoridades não tinham zelo por um segmento tão sério e importante para toda a comunidade. Lembrou que quando surgiu a Intragov[10], nos idos de 1998, o então governador Mário Covas fez uma licitação pública na qual foram gastos bilhões de reais para implementar esse projeto, numa situação anômala ao que se depara hoje nesta escola: uma sala de informática em verdadeira degradação. — Dá até vontade de chorar. Não tinha que ser assim — complementou Pichini.

Depois de visitarmos vários locais da escola, caminhando por escadas e corredores, fomos até a sala de Andréa. Um sorriso e um brilho nos olhos começaram a iluminar a face do Paulo Henrique, quando se deparou com álbuns e fotos remanescentes, expostos sobre a mesa que Andréa gentilmente colocou ali. Vieram nomes e fotos das professoras Rosa Gomes, dona Rosinha, e Paulo disse que se lembrava muito bem dela; assim como de dona Olga, a Olguinha do pré, e Maria do Carmo. "Essa foi a minha professora do primeiro ano" lembrou, seguidas por dona Amanda, Dona Berta e até a foto do pai da diretora, de 1938, que também estudou na Romão Puiggari.

---

10 A Rede Intragov – internet do governo é uma estrutura única de comunicação que abrange todo o estado de São Paulo e tem como principal objetivo integrar as redes de dados, voz e vídeo das secretarias e órgãos do estado, de forma a compartilhá-las com diferentes órgãos públicos. Para isso, a Intragov, criada em 1998, na gestão Mário Covas, conta com uma rede baseada em tecnologia MPLS (Multiprotocol Label Switching), denominada Rede IP Multisserviços. Fonte: https://www.saopaulo.sp.gov.br/

Durante um bate-papo, quando nos serviram um cafezinho, Paulo Henrique afirmou que trabalhava na área de informática, o que suscitou uma breve interferência da Andréa:

"Poxa, meu irmão trabalhou muitos anos nesse setor e eu tenho um amigo que mora em Minas Gerais e trabalhava na BT Telecom (British Telecom), o Roberto Teixeira", disse Andréa.

"Nossa, eu o conheci no tempo em que estava na Getronics, pois a BT era nossa cliente", lembrou Paulo.

"Que coincidência" interpelou Andrea, "mas coitado, ele está desempregado há um bom tempo e vou falar sobre isso com ele."

Sem entrar no mérito, uma vez que preside uma empresa nessa área, Paulo Henrique disse apenas, com a assertiva da diretora, que o Brasil estava vivendo uma grande crise, principalmente nos últimos dois ou três anos. É claro que ele se referia à situação econômica do país, que realmente estava uma lástima. Porém, com a sua empresa, felizmente, a coisa estava um pouco diferente, embora sentisse os efeitos da crise.

Desviando um pouco o assunto, mas aproveitando o gancho da diretora ainda dentro da informática, Paulo Henrique desengavetou várias de suas surpreendentes histórias, tendo como palco o querido bairro do Brás. Foi um verdadeiro reencontro dos tempos.

Acostumado às altas esferas, embora de origem humilde, disse que foi almoçar um dia com Jorge Najera, presidente da British Telecom no Brasil[11], que era muito seu amigo, e ficou comovido com a conversa que teve com ele.

Najera contou que o pai dele, um simples mecânico, veio ao Brasil muito cedo, em 1962, e montou uma oficina, segundo ele, numa rua chamada Gasômetro, e ficou por lá até mais ou menos 1975. Disse

---

11   A British Telecom, ou BT Group, empresa de telecomunicações britânica, é considerada uma das maiores do mundo com operações na Ásia, Oriente Médio, África, Europa e, *há mais de 30 anos*, nas Américas, presente em mais de 170 países. Fundada em 1846 como The Electric Telegraph Company, somente no Reino Unido congrega 290.000 pessoas, empregadas direta e indiretamente. Fonte: sites BT Telecom.

que até gostaria um dia de conhecer o local, mas como lhe disseram que era uma rua muito comprida, num bairro muito movimentado e antigo, achou melhor deixar para lá.

Quando ouviu o amigo falar em rua do Gasômetro, Paulo levou um susto.

"O quê? Não acredito", disse.

E continuou:

"Eu morava na esquina dessa rua e sei exatamente onde estava localizada essa oficina. Era um autoelétrico e se chamava "Meia-Noite", justamente o lugar onde eu parava antes de ir para a Escola Romão Puiggari. Ali eu arrumava meus carrinhos de rolimã e, certamente, devo ter falado com seu pai, um espanhol de sotaque arrastado", afirmou Paulo.

"Meu Deus, que santa coincidência! Então era ele mesmo", disse Najera.

"É, meu amigo, que coisa incrível! Quem diria, depois de tantos anos. Vou te levar lá e depois almoçaremos num restaurante ali perto", propôs Paulo Henrique.

Najera ficou profundamente emocionado e, alguns dias depois, os dois se reencontraram e foram até a rua do Gasômetro conviver um pouco com suas reminiscências.

O VALOR DOS ESTUDOS

Na Escola Estadual Romão Puiggari, Paulo Henrique concluiu o pré-primário em 1970, iniciou o primário em 1971 e terminou o ginásio em 1978. A partir daí, um novo mundo começava a surgir em sua cabeça, já ciente das convicções profissionais com as quais sonhava. Ele queria cursar a área de eletrônica voltada, principalmente, para telecomunicações.

Desde garoto, comprava revistas didáticas e ficava montando, recortando e até soldando pequenas peças, trazidas por seu pai, que sempre o alertava para a necessidade de estudar muito e assim conseguir o que realmente queria. Mário Pichini já sabia que seu filho queria muito estudar na Escola Federal de São Paulo[12], que, além de gratuita, era muito bem-conceituada, porém muito concorrida.

Seu pai sabia que o filho era rueiro, mas tinha a seu favor o gosto pelos estudos e um comportamento correto quanto às suas obrigações. Não era como sua irmã Cynthia, que estudava demais e ficava debruçada nos cadernos em razão da dificuldade que apresentava na área de ciências exatas, como física e matemática. Ela nunca se esquece da professora dona Evelyn, mulher rígida, nada simpática, da 3ª série, que a mandou à lousa para fazer um exercício de prova dos nove. Mediante o erro cometido, levou um safanão da professora, batendo com a cabeça na lousa. Ao chegar em casa, chorando e com um pequeno galo na testa, seu pai ficou indignado e foi à escola tirar satisfações com a mestra.

"Nossa, mas nem tem sangue", disse a professora com ar de superioridade.

"Se tivesse saído sangue eu não estaria aqui e sim na polícia", alertou o pai, um pouco mais calmo depois de um leve bate-boca.

Cynthia reconhece que até hoje é ruim em matemática, mas não tem nada a ver com o incidente com a professora. Em época de provas, não se podia dar um "piu" na casa, porque ela estudava sem parar e não admitia barulho. Sua personalidade forte, aliada à responsabilidade de menina exemplar e irredutível, dava-lhe um ar de superioridade em relação ao Paulo, que não se importava absolutamente com as inquietações da irmã. Para ele, era mais uma oportunidade de gazetear e ir ao encontro de seus amigos na rua. Essa atitude, obviamente, preocupava um pouco seus pais, que achavam que o

---

[12] A Escola Técnica Federal de São Paulo foi estabelecida em 1965, inicialmente para as áreas de mecânica e edificações, em seguida para eletrotécnica, eletrônica, telecomunicações, processamento de dados e informática industrial. Depois passou para Centro Federal de Educação Tecnológica de São Paulo e hoje é o Instituto Federal de Educação, Ciência e Tecnologia de São Paulo.

menino não teria um bom aproveitamento nos seus estudos. Assim, o obrigavam a ler e, especialmente, a escrever todos os dias, uma vez que sua caligrafia não era boa. Astuto e engenhoso, pegava o livro e se esmerava nas primeiras páginas. Depois ia folheando, folheando, passava pelo meio, folheava mais um pouco até chegar ao final da história. Seu pai logo percebeu a artimanha do menino e passou a ser mais rigoroso: começou a obrigá-lo a deixar por escrito o conteúdo do livro e ainda responder ao questionário sobre os principais quesitos da obra. Toda a tarefa tinha de ser feita em caderno de caligrafia, muito usado na época, para melhorar a letra das crianças. Jornalista e revisor que era, Mário não deixava passar nada, o que, aliás, foi de uma eficácia sem tamanho para a desenvoltura do garoto. Além disso, fazia questão de elevar valores e costumes dos filhos, levando-os ao Teatro Municipal de São Paulo para que convivessem e se inteirassem da arte e de outros tipos de música, como a erudita, por exemplo.

Paulo nunca se esqueceu de que, quando tinha entre 7 e 8 anos, seu pai, mesmo com parcos recursos, comprou uma temporada lírica com seis óperas. Apesar de assistir a todas, ele se lembra de duas que nunca saíram de sua cabeça: *Carmen*, do compositor francês Georges Bizet; e *Simon Boccanegra*, do italiano Giuseppe Verdi, um dos compositores mais influentes do século XIX. Mário Pichini era um apaixonado por música, e a ópera, naquele tempo, era um dos gêneros artísticos que mais o encantava. Ele sempre desejou aprender a tocar violão. Seu pai até que tentou satisfazer seu desejo, mas na hora de comprar o instrumento optou por um cavaquinho, talvez por ser mais barato, já que sua situação financeira não era das melhores na ocasião. Conclusão: o garoto Mário Pichini não aprendeu nenhum dos dois instrumentos, mas essa premissa frustrada foi relevante na formação de seus filhos.

Paulo Henrique lembra, com afeição, que seu pai, sempre com o estímulo da mãe, gostaria que os filhos estudassem música, sabendo já da predileção de ambos na escolha do que tocar. Paulo andava sempre com uma violinha de madeira nas mãos, enquanto Cynthia era mais do teclado.

"O violão foi um negócio marcante em minha vida e nunca poderia ficar de fora da minha história", disse ele ao enobrecer o esforço dos pais para arcar com mais aquela despesa.

"Eu tinha 6 ou 7 anos quando ia de ônibus do Brás até Santo Amaro para ter aulas de violão com o professor José Fonseca, que preparava os alunos, anualmente, para disputarem um violão com tarraxas de ouro num programa da antiga TV Tupi, hoje SBT", lembrou.

Paulo conta que quase chegou lá, porque o professor investia muito nele, mas nunca ganhou nos seis ou sete anos que estudou naquela escola. Entretanto, recorda que uma colega sua, sobrinha do Carlos Barbosa Lima, um dos violonistas de música popular brasileira mais reconhecidos da história, chegou ao final do concurso, porém não ganhou.

"Depois, quando a gente ainda morava no Brás, meu pai nos colocou no Conservatório Villa Lobos, na avenida do Estado: eu no violão e a Cynthia no piano. O sonho dele era que, quando crescêssemos, estudaríamos na Escola de Música de Tatuí, uma das melhores instituições do Brasil nessa área. Mas acabou não dando certo", concluiu.

Outra característica na infância desse garoto se relaciona aos esportes, que até hoje fazem parte de sua rotina. Jogava futebol de rua com a molecada com bolas de meia, já que ninguém tinha dinheiro para comprar uma bola, nem que fosse de borracha.

"Pratiquei esportes por muito tempo, mas em nenhum deles tive uma classificação média, especialmente no futebol, em que era sempre ruim. Nunca fui um cara habilidoso nas atividades esportivas, mas sempre muito dedicado, persistente e aguerrido", destacou Paulo.

Ele lembrou, no entanto, que teve apenas um esporte em que passou da média.

"No Brás tinha uma cantina, chamada Gigio, onde eu e meu primeiro amigo Cósimo caímos nas graças de um senhor de poucos cabelos brancos, quase careca, gordinho e coroa, cujo apelido era

Leitão. A princípio, demos risadas em razão da semelhança com a aparência do animal, mas depois ficamos muito amigos dele, pois era muito bom no pingue-pongue e nos ensinou a jogar. Minha mãe não gostava muito que a gente fosse lá porque à noite se jogava carteado, mas, durante o dia, não tinha nenhum problema. Eu jogava todos os dias e fui ficando cada vez mais hábil", disse ele.

Nessa época, Paulo Henrique tinha entre 11 e 12 anos e, aos 14 anos, quando entrou na Escola Federal de São Paulo, participou de um campeonato de pingue-pongue e ganhou o primeiro lugar. Foi seu primeiro pódio.

Seu filho caçula, Rafael Verticchio Pichini, está seguindo a habilidade do pai, que comprou uma mesa para ensinar os filhos a praticarem esse esporte. Já o primogênito, Paulo Henrique Verticchio Pichini, não é muito chegado ao pingue-pongue, preferindo outras atividades, como natação, futebol e, principalmente, dispositivos ligados à tecnologia. Puxou o pai? Sabe-se lá...

Paulo Henrique afirma que sempre incentivou os filhos a praticarem esportes, que, segundo ele, são fundamentais para o desenvolvimento físico e mental de toda criança.

"Outras atividades que pratico há décadas são o squash e o rally, e este último me obrigou a exercitar também o boxe e a musculação", arrematou.

Na faixa entre 13 e 14 anos, Paulo Henrique começou a estudar além da conta para realizar seu sonho de entrar na Escola Técnica Federal de São Paulo. Como a disputa era acirradíssima, pediu ao pai para fazer um cursinho preparatório de seis meses para os exames. Mário assentiu, mas teve recursos suficientes apenas para pagar dois meses do curso. Mesmo assim, o filho caçula não esmoreceu, estudou muito e acabou conquistando a confiança de todos em sua casa, com o resultado de toda essa empreitada. Prestou exames não só na Federal, mas também na Escola Técnica Industrial Lauro Gomes (ETI), em São Caetano do Sul, e na Etec Getúlio Vargas, no bairro do Ipiranga, em São Paulo. Passou nas três, desmistificando qualquer insinuação de vagabundagem a seu respeito. A Escola Técnica Federal, com seiscentas vagas para 7.500 candidatos, foi aquela com que mais se identificou, ficando em 575º lugar.

Depois dessa fase difícil em sua vida, Paulo começou a respirar mais aliviado e a se sentir mais valorizado perante si mesmo e a sua família. Deu demonstrações óbvias de sua aplicação e boa vontade a seus pais ao vencer as primeiras batalhas que surgiram à sua frente. Outras viriam e ele também se deu bem.

A Escola Federal de São Paulo ficava na estação Ponte Pequena do metrô, e o trajeto, naquela época, não era tão complicado como agora. De porte do passe escolar, Paulo Henrique pegava o ônibus na avenida Rangel Pestana e em poucos minutos chegava à praça da Sé para então tomar o trem da linha norte-sul do metrô, inaugurada em setembro de 1974, por Laudo Natel, então governador de São Paulo.

Nova vida, novos rumos! Os alunos do 2º ano estavam ansiosos à espera dos calouros para pôr em prática os trotes que receberam quando ingressaram na escola. Como o 1º ano era básico, as opções que Paulo tanto buscava — processamento de dados e eletrônica, eletrotécnica, edificações e mecânica — só estavam disponíveis no 2º ano. Mesmo assim, o aluno precisava fazer um teste vocacional, orientado por psicólogos da própria escola, e somente os melhores colocados tinham o direito de escolher a matéria de sua preferência.

A LUTA CONTRA UM PROFESSOR TIRANO

Como foi sempre muito competitivo e impelido a ser o primeiro aluno da classe, um caso de repetência nesse novo ambiente marcou muito a vida de Paulo Henrique. Na Escola Estadual Romão Puiggari, por exemplo, sempre esteve entre os três melhores alunos, só ficando atrás de duas meninas que eram imbatíveis, Rosa e Paula, princesinhas insuperáveis.

Paulo Henrique arregaçou as mangas e estudou muito para obter a média geral boa, embora tenha tido problemas em uma das matérias, a de desenho técnico, que, segundo ele, acabou causando um trauma na sua vida. O responsável por esse espectro foi um professor alemão, de primeiro nome Airton, a quem os alunos tinham verdadeira aversão em virtude do seu comportamento hostil.

Para eles, o mestre de desenho era um nazifascista que não tinha o menor pudor de reprimi-los. E Paulo sofreu nas mãos desse indivíduo, principalmente, depois que ouviu dele a seguinte frase, que não saía de sua cabeça:

"Olha aqui, alemão, você vai tomar pau comigo".

E não deu outra, porque o sujeito tinha o hábito de antagonizar-se com os alunos. No 4º trimestre daquele ano, por exemplo, Paulo estava muito bem em todas as matérias, com a média 7,46, e precisava tirar nota 6,0 em desenho para fechar o ano. O professor lhe deu 5,5 pontos e a consequente reprovação, o que representou uma verdadeira hecatombe em sua vida, já que nunca soube o que era repetir o ano. Em sua casa, a tristeza foi geral, mas seus pais reconheceram seu esforço durante todo o ano letivo e o apoiaram. Mas não foi só ele que ficou nas garras daquele professor: outros oitenta, de um total de duzentos alunos, também foram reprovados em desenho técnico.

Diante de tantas reprovações e reclamações, o professor Airton foi chamado pela direção da escola e obrigado a convocar os alunos para uma segunda prova. Mas cadê o Paulo Henrique Pichini? Ninguém o achava para dar a boa notícia. Sua família, que não tinha telefone em casa, estava em preparativos de mudança do Brás para Moema, o que dificultou muito localizar o seu paradeiro. Até que, um belo dia, um insistente amigo conseguiu achá-lo, depois de muitas tentativas frustradas. Esse encontro, no entanto, aconteceu às vésperas da prova e lá foi ele, no dia seguinte, fazer o novo exame de desenho técnico. Porém, sofreu mais uma decepção, pois o danado do professor lhe deu nota 5,5 de novo, sem qualquer perdão. Ele até tentou demovê-lo da decisão, uma vez que desenho técnico não era uma matéria tão relevante para quem aspirava fazer processamento de dados. Além disso, era visível o seu bom aproveitamento em todas as demais disciplinas. Mas o professor era irredutível e lá foi ele fazer tudo de novo em 1980, repetindo pela primeira vez um ano letivo. Na verdade, ficou quite com a sua projeção no mundo estudantil por ter entrado precocemente na escola.

Como repetente, ficou um pouco mais rebelde, deixando de sentar-se nas fileiras da frente para juntar-se aos alunos mais indisciplinados e irrequietos no fundo da classe. Mesmo assim estudou bastante e se esmerou na matéria de desenho técnico, tirando quase sempre nota dez. O temível professor, mais flexível diante da admoestação que recebera da diretoria, dirigiu-se a Paulo, que, lembrando ainda daquela figura assombradora, reviu-o agora de uma maneira diferente, parecendo reconhecer o seu valor:

"Olha aqui, alemão, este ano você vai passar comigo".

CAPÍTULO II

VIDA PROFISSIONAL SE INICIANDO

O BANCO REAL

Na faixa dos 15 anos, Paulo Henrique soube por meio de seu amigo Marcos Sierra que o Banco Real, hoje Santander, abriria inscrições para menores com o propósito de formar, no futuro, diretores e executivos da própria instituição. Era o "Plano de Estagiário Menor", um projeto bem estruturado, idealizado pelo fundador do Real, dr. Aloysio Faria[13].

Paulo Henrique foi até ao banco para se informar sobre o tal Plano de Estagiário Menor e fez a sua inscrição. Os candidatos eram submetidos a um total de seis provas e uma entrevista para serem admitidos. Nessa época, dezembro de 1980, a família Pichini já tinha saído do Brás e se transferido para o bairro de Moema, zona sul da cidade. Ao passar em todas as provas que prestou ao banco e ter sido bem-sucedido na entrevista, seu pai o levou para acertar a contratação, no dia 10 de dezembro. A partir daí, sua vida começou a mudar, uma vez que seu tempo estava todo tomado. Entrava às 8h da manhã na agência do Banco Real, situada na rua 15 de Novembro, no centro da capital paulista, e saía às 12h. Depois ia para a Escola Federal de São Paulo, no bairro Ponte Pequena, onde estudava, entrando às 13h e saindo às 19h.

Assim estabeleceu-se a rotina de sua vida por pouco mais de um ano, quando foi promovido aos 16 anos a escriturário no banco. Somente os estagiários do Plano de Estagiário Menor conseguiam essa "benesse", já que a idade mínima para a tal promoção era de 18 anos.

Depois de certo tempo, Paulo Henrique pediu e foi atendido na sua solicitação para trabalhar na agência do Banco Real que ficava no

---

13 Aloysio de Andrade Faria viveu até os 99 anos, faltando apenas 55 dias para completar seu centenário em 9 de novembro de 2020. Faleceu de causas naturais em sua fazenda em Jaguariúna, São Paulo, no dia 15 de setembro de 2020. Médico por formação, fez sua fortuna no setor bancário como fundador do extinto Banco Real, vendido por ele em 1998 para o banco holandês ABN Amro por US$ 2,7 bilhões. Faria manteve negócios em diversos segmentos, como mídia, hotelaria (Hotéis Transamérica), agroindústria e sorvetes. Foi o mais velho dos bilionários brasileiros, ocupando o 23º lugar no ranking Forbes, em agosto de 2016. Em 2015, aos 95 anos, o empresário adicionou ao seu patrimônio um luxuoso jato Falcon 200EX, da francesa Dassault, por cerca de US$ 30 milhões.

interior do Shopping Ibirapuera, bem perto de sua casa, em Moema. Essa mudança teve um sabor todo especial, principalmente para um adolescente, ansioso e deslumbrado por coisas novas. Era uma verdadeira maravilha, gostosa e agradável, com "gatinhas" para todos os lados, perambulando pelos corredores e lojas do shopping. Os passeios, paqueras e cafés, entretanto, foram passageiros, uma vez que o Banco Real começou a abrir vagas no setor de informática e era isso o que ele mais queria na vida. Com a anuência de seu chefe, foi até a agência da avenida Paulista e fez a sua inscrição. Eram duzentos candidatos para apenas duas vagas.

Mais um teste, difícil, diga-se de passagem, que apareceria em sua vida. Os postulantes ao cargo tiveram que estudar elementos da computação em manuais especializados tecnicamente, além de códigos imensos da IBM de cerca de duzentas a trezentas páginas. Sempre compenetrado e estudioso, e já com um bom conhecimento, graças ao curso que fazia na Federal de processamento de dados, não deu outra, passou no teste.

Assim, compenetrado em sua nova vida, ao passar em mais uma difícil avaliação profissional, lá foi Paulo Henrique comprar roupas e sapatos para o primeiro dia de trabalho. Apresentou-se elegante, de terno e gravata, ao 5º subsolo, no setor de operações do Banco Real. Levou um susto quando chegou e viu funcionários operando uma máquina gigante da empresa norte-americana International Business Machines Corporation (IBM) e duas impressoras a laser, as primeiras do Brasil, do tamanho de um ônibus cada uma. Além disso, os seus colegas estavam totalmente à vontade, trabalhando de jeans, e alguns deles até com chinelos de dedo.

Contrariado e deslocado com sua indumentária impecável, Paulo tirou, disfarçadamente, a gravata e o paletó e foi encarar o seu novo desafio. Nunca pensara que depois de tanto esforço e dedicação, vencendo uma batalha concorrida com tantos pretendentes àquele cargo, fosse trabalhar num lugar que considerava de alto nível com aquelas roupas tão simples.

A sala do 5º subsolo, onde funcionava a tal operação, tinha uma série de unidades de fitas magnéticas e um compartimento, chamado sala-cofre, onde ficavam armazenadas cerca de dezesseis mil fitas contendo relevantes informações. Havia ali também uma impressora gigante, que cuspia enormes relatórios ao longo do dia. Era um trabalho extenuante de pegar fitas e montá-las para então serem lidas pelo programa. Um tal de apertar um botão aqui, outro ali, num trabalho frenético, exigente e de muita atenção. Nele destacava-se uma quantidade imensa de impressão que devia ser selecionada para posterior leitura da máquina. Um pouco injuriado com tudo aquilo, Paulo Henrique teve a sorte de ser questionado pelo seu chefe em qual setor preferiria ficar, o da impressora ou das fitas magnéticas.

No alto de sua inocência e principiante como era, respondeu de pronto pela segunda opção, não que tivesse alguma predileção por ela, mas simplesmente porque achava o nome mais bonito e mais condizente com as suas pretensões na informática. Escolheu "fitas magnéticas".

O tempo foi passando e, apesar de reconhecer certa frustração na tal operação, tentou fazer o possível para não desistir daquele árduo início na área que escolhera. Ficou cerca de um ano e meio nessa atividade, mas não deixava de perder as esperanças, mesmo porque aquele serviço, em que pesem os métodos praticados, não deixava de ser um segmento da informática, o que era seu maior desejo.

Foi com essa dedicação que o estagiário Paulo Henrique Pichini começou a galgar os primeiros degraus na ainda incipiente carreira, mas sempre com muita pressa, desafiando até os padrões estabelecidos pelo banco. Começou como operador *trainee* e, em seguida, tornou-se operador júnior. Mas será que era isso que ele realmente queria? Foi amadurecendo e compreendendo que aquele trabalho fazia funcionarem os programas dos analistas e programadores, enquanto o que mais queria, a sua verdadeira vocação, era a arquitetura de sistemas. Será que demoraria muito para conseguir isso?

Mesmo exercendo um trabalho ainda distante do seu propósito, fez questão de deixar a insatisfação de lado e passou a acreditar mais no que fazia, o que favoreceu o surgimento de uma luz naquela caminhada. Aquilo tudo tinha que ter um sentido em sua vida. E teve...

UM BANHEIRO: A PRIMEIRA PORTA

No dia a dia de seu trabalho, segundo seus relatos, Paulo Henrique começou a olhar com mais atenção alguns programas que tirava da impressora e viu os nomes de analistas que queriam criar uma área de microinformática no Banco Real. Um deles era um judeu do tipo bonachão, barbudo, sapatos enormes, feição parecidíssima com a do físico Albert Einstein, de nome Roberto Carlos Mayer. Diziam que o sujeito era até meio abobalhado de tão inteligente. Uma verdadeira sumidade.

Mayer comandava uma equipe de analistas que ficava no 15º andar, no topo do edifício, enquanto Paulo Henrique e seus colegas trabalhavam no 5º subsolo, de extremo a extremo. Alguns até brincavam quando os analistas desciam à sala de operação para checar algum programa: "A nata desceu até à plebe", diziam, se divertindo.

O alemão Mayer também descia de vez em quando ao 5º subsolo e, numa de suas idas ao banheiro, Paulo Henrique não titubeou e resolveu também esvaziar a bexiga ao lado do chefão.

"Você é o Roberto Carlos Mayer, não é?", perguntou Paulo.

"Sim, sou eu", afirmou Mayer.

"Pois é, eu estudo processamento de dados na Escola Federal de São Paulo e estou praticamente no último ano. Trabalho aqui na área de operação, mas gostaria muito de entrar na de programação e análise de sistemas", acrescentou.

"Sim, e daí?", respondeu Mayer.

"É que vocês estão criando uma área de microinformática no banco, e eu queria saber se tem espaço pra mim", insinuou Paulo, cheio de coragem.

"Como é o seu nome?", perguntou o potencial futuro chefe.

"Paulo Henrique Pichini", respondeu.

"Tá bom, vou ver se consigo", disse Mayer.

O jovem iniciante ficou numa felicidade incomum, não só por aquele afortunado momento, mas também por sua própria ousadia ao perceber que tinha aberto a primeira cortina de sua caminhada. Sabia que era só o começo e teria que enfrentar ainda muitas outras situações difíceis. O tempo foi passando e já estava quase perdendo as esperanças quando, depois de alguns meses, recebeu a notícia de que o departamento de Recursos Humanos (RH) do banco estava recrutando jovens para uma seleção na recém-criada área de microinformática.

Quem lhe deu a notícia foi seu chefe, um japonês metódico que não suportava um minuto de atraso no trabalho e, por essa razão, não era muito simpático com o Paulo.

"Você está interessado em mudar de setor, para a área de microinformática?" perguntou ele.

"Sim", respondeu Paulo.

"Mas para você ir para lá tenho que te liberar, mas não vou fazer isso", afirmou o chefe japonês.

Paulo ficou chocado com o posicionamento irredutível de seu chefe, que se mostrava sério e decidido a não colaborar. Parecia mais um carma em sua vida, quando se lembrou do professor de desenho técnico no primeiro ano da Federal que insistiu e conseguiu reprová-lo naquela matéria.

Esqueceu-se dos contratempos e do japonês e foi ao RH, onde soube que o alemão Roberto Mayer estava recrutando os interessados para assumir três ou quatro vagas no setor recém-criado pelo banco. Foi mais um teste e mais uma vitória em sua vida, pois acabou sendo um dos escolhidos.

Seu problema agora seria enfrentar o chefe japonês que prometeu colocar barreira à sua saída. O que o ajudou foi o fato de pertencer ao Plano de Estagiário Menor, que o banco acompanhava com toda atenção. E Paulo acabou dando a volta por cima, uma vez que o perfil de sua carreira era bom e o chefe japonês não pôde fazer nada para impedi-lo de seguir em frente. Se por acaso isso acontecesse, manter-se-ia resoluto a pedir demissão do banco.

Os horizontes passaram a clarear em sua vida na medida em que respirava novos ares naquela instituição financeira. Agora poderia dizer que realmente estava no setor que sempre quis e almejou na vida, a informática. Com ele havia mais três ou quatro estagiários, também aprovados no teste, que foram os primeiros a trabalhar nessa nova área do Banco Real sob a supervisão de Roberto Mayer, o primeiro chefe do grupo na área de programação.

Nova missão, novo deslocamento. A partir daquele momento, Paulo Henrique voltou a trabalhar na rua 15 de Novembro, no Centro da capital paulista, agora num papel diferente, pois desenvolvia para a mesa de aplicações alguns tipos diferentes de mercado, entre eles o Overnight[14] e o Open Market[15].

Como nem tudo são flores em um jardim de algoritmos e conceitos dos mais diversos naquela área de exatas, Paulo Henrique deu uma tropeçada feia quando passou a lidar com um novo programa no Banco Real, a Taxa Interna de Retorno (TIR)[16].

Pensando que tinha entendido aquele negócio complicado, cujo resultado teria que ser bom tanto para o investidor como para o próprio banco, Paulo desenvolveu um programa, solicitado por seu chefe, para fazer o cálculo da TIR. Depois de quebrar muito a cabeça

---

14 O Overnight consistia em operações realizadas diariamente pelos bancos no mercado aberto, de forma a obter recursos para financiar as suas posições em títulos públicos. Repassavam esses títulos aos investidores com o compromisso de recomprá-los no dia seguinte, pagando uma taxa diária.

15 O Open Market, ou mercado aberto, referia-se ao mercado de títulos no qual atuam o Banco Central e os bancos comerciais, no caso, o Banco Real, na compra e venda de títulos da dívida pública.

16 A Taxa Interna de Retorno (TIR) é uma fórmula matemática-financeira utilizada para calcular a taxa de desconto que teria um determinado fluxo de caixa para igualar a zero seu Valor Presente Líquido (VPL). Em outras palavras, seria a taxa de retorno do investimento em questão. A TIR representa o ponto de reversão da decisão de investir. Se a taxa mínima de atratividade para o investimento for inferior à TIR, o projeto deverá ser aceito. Se a taxa mínima de atratividade for superior à TIR, o projeto deverá ser rejeitado. Para se calcular a TIR, é necessário projetar um fluxo de caixa que aponte a entrada e a saída de dinheiro provocadas pelo investimento. Fonte: site Cavalcante & Associados.

e refazer os cálculos inúmeras vezes, achou que havia terminado com êxito o seu primeiro programa profissional. Satisfeito consigo mesmo e com o seu trabalho, apresentou o projeto, que foi desqualificado e rejeitado por Roberto Mayer, dizendo-lhe que aquilo não era um programa, mas um emaranhado de códigos. E sem qualquer pudor ou constrangimento, rasgou o papel na sua frente.

Esse gesto, contudo, não afetou o relacionamento entre ambos, porque a genialidade do chefe percebia que aquele jovem tinha potencial e lhe deu mais uma oportunidade, incentivando-o a fazer outro trabalho, com novas orientações. Dedicado e perseverante, Paulo aprendeu rapidamente a lidar com aquele emaranhado de números e correções e, aos poucos, começou a conquistar o seu espaço e a confiança de seus superiores, sobretudo de Roberto Mayer, que acabou tornando-se um grande amigo.

Ter Mayer como primeiro chefe foi um privilégio e, também, fundamental ao longo da formação profissional de Paulo Henrique: "Além de ter apostado em mim, aprendi com ele a pensar soluções técnicas para resolver desafios, sempre com persistência, flexibilidade e resiliência" observou.

O próximo passo foi mais alto, pois fora designado para trabalhar na avenida Paulista, no Real Plan (Real Planejamento), justamente onde ficavam aqueles funcionários do 15º andar. No mesmo edifício, ele havia trabalhado bem abaixo, no 5º subsolo. Isso representou um verdadeiro salto na vida do Paulo Henrique, que, a partir daí, foi crescendo, sendo promovido de analista *trainee* para analista pleno. Nessa ocasião, Paulo Henrique começou a deslumbrar-se com o trabalho de informática com Márcio Nóbrega, um de seus principais colegas, que permaneceu no banco por 35 anos, mesmo após ser comprado pelo Banco Santander. Só saiu em 2018 para assumir o cargo de diretor do Banco Safra, na avenida Paulista. Foi aí que ele me concedeu uma entrevista, em abril de 2019.

Ambos entraram no Banco com 15 anos, mas só se conheceram cinco ou seis anos depois, quando passaram a atuar juntos nessa área, na agência da avenida Paulista, 1374. Paulo Henrique era analista, e Márcio, programador, com atuações sempre no Banco Real de Investimentos, onde fizeram toda a automação daquela instituição.

Trabalhavam com software, o sistema Open Access, que na ocasião era pouco conhecido pelos profissionais de tecnologia, e acabaram se especializando na solução. Eles chegaram até a dar aulas sobre Open Access e a interagir com fornecedores.

Parece que a dupla iria longe nesse segmento, uma vez que Márcio era dedicadíssimo ao trabalho, especialmente em sistemas de computação.

Foi a partir daí que Paulo Henrique animou-se ainda mais, pois ambos trabalhavam muito, de manhã à noite, comprando softwares, desenvolvendo programas e planilhas e utilizando-os em todo o seu trabalho. Aos sábados, ele arrumou um novo bico e começou a fazer alguns serviços na empresa Pneus Auto Lins, hoje Della Via Pneus, na Via Anchieta.

Os dois até cogitaram seguir a vida profissional juntos, mas o negócio do Márcio era mesmo o sistema bancário, ao contrário de Paulo, mais voltado para o empreendedorismo.

Um fato pitoresco foi lembrado por Márcio quando Paulo Henrique, ainda no Banco Real, foi fazer uma entrevista de trabalho no mesmo setor de informática com um usuário crítico do Banco Real de Investimento. Mais uma vez se deu mal com a indumentária, pois, não estando vestido adequadamente para a entrevista — com calças jeans e camisa de mangas curtas —, aceitou a proposta do amigo para ir com o terno e gravata dele. O problema é que Márcio era mais alto e um pouco mais gordo, ocasionando um pequeno desconforto para ambos. Mas como a necessidade busca a felicidade, lá foi Paulo Henrique leve e solto naquela roupa enorme, enquanto Márcio teve de esperar por ele no banheiro para a devida destroca, pois com aquele traje, curto e apertado, não dava para voltar ao trabalho.

Cônscio de uma memória invejável, Márcio valoriza muito o afeto familiar e não se esquece, por exemplo, que, na ocasião da morte trágica de seu pai, em 1987, vítima de um assalto já naquela época, Paulo Henrique foi um dos grandes apoiadores, dando-lhe muita força para enfrentar o momento de tamanha tristeza.

Lembra ainda quando o seu amigo comprou o primeiro carro, em 1984, um Passat dourado, ano 1974, que fez muito sucesso, principalmente, com as garotas: "A gente viajava bastante, curtia a vida, às vezes eu dormia na casa dele, pois morava longe, na zona norte, mas o trabalho sempre foi preponderante em nossas vidas", recorda Márcio.

AMIGOS EM COMUM

Outro amigo que às vezes dormia na casa do Paulo Henrique, por morar longe, também na zona norte da capital paulista, era André Luís Lisboa da Silva, cuja alcunha era Zé, porque chamava todo mundo por esse nome.

Dois anos mais novo que Paulo, André Lisboa também nasceu e morou no Brás, onde fez o primário na Escola Estadual Eduardo Prado, na rua Almirante Barroso.

Cursou o ginásio, hoje ensino fundamental, no Liceu Coração de Jesus, perto da antiga rodoviária, na alameda Glete, onde apresentou seu primeiro gesto de indisciplina. Para não dizer que foi expulso da escola, amenizou o contexto e disse que foi convidado a se retirar, terminando o colegial, atual ensino médio, no colégio Objetivo. Apesar de indisciplinado, começou a trabalhar cedo, aos 12 anos, na oficina do pai, na Vila Guilherme.

Em uma entrevista virtual que me concedeu no final de junho de 2021, André disse ter sido um grande incentivador para Paulo Henrique deixar o Banco Real e caminhar com as próprias pernas, já que tinha um grande potencial para isso.

E foi o que aconteceu. Passaram-se os anos e um belo dia Paulo o procurou para pedir sua opinião a respeito da proposta de venda da

Connect Systems, sua primeira empresa, especializada em integração de redes, que havia fundado há oito anos, em 7 de fevereiro de 1992.

Nessa ocasião, com a chegada da microinformática, o ambiente do mercado de redes estava bombando no país. O grande diferencial da Connect Systems em relação à concorrência consistia em sua arquitetura de projetos e implementação de redes convergentes de voz, dados e imagem de alta velocidade.

"Eu o aconselhei a vender porque a Connect já era a maior empresa do segmento em que atuava e, se não fizesse isso logo, o pessoal iria comprar a segunda maior, em detrimento, é claro, da sua organização que, fatalmente, diminuiria de tamanho", explicou André.

Nessa altura, as negociações da venda da empresa já estavam bem avançadas, mas a opinião de um amigo sempre é oportuna e benéfica.

André não se esquece de quando Paulo Henrique propôs encontrá-lo em um bar na Vila Madalena e, assim que chegou ao local, disse nunca ter visto o amigo tão feliz.

"Oi, André, vim aqui para lhe agradecer, pois vendi a Connect e nunca esqueço as suas palavras: saia do banco, abra uma empresa, você tem muito potencial e capacidade para isso. Pois é, meu amigo, agora vamos brindar", disse Paulo tomado por um sentimento visível de gratidão.

André contou que também ficou muito satisfeito por ver um amigo se dando tão bem na vida.

Durante o bate-papo, ele me contou que a forte relação de amizade entre os dois teve início na Fasp (Faculdades Associadas de São Paulo), onde estudaram durante um período juntos, na mesma sala. Um amigo seu do colegial disse que havia entrado nessa universidade e estava gostando muito, pois tinha uma área nova e muito promissora.

Após passar no vestibular, em 1984, lá foi André fazer a sua matrícula no período noturno na Fasp. Durante o primeiro ano básico, mais voltado para administração, até que foi bem. Mas depois as matérias tornavam-se mais específicas e cada vez mais focadas em tecnologia da informação, o que o desagradou. Ou abandonava o trabalho para dedicar-se integralmente à análise de sistemas ou mudava de faculdade. E foi o que fez, algum tempo depois.

Após desistir da Fasp, por ser muito focada em tecnologia da informação, André entrou na Faculdade São Judas Tadeu, na Mooca, onde concluiu o curso de administração, em 1989. Tempos depois, dedicou-se integralmente ao curso de análise de sistemas.

A amizade entre André e Paulo Henrique permaneceu. Numa das viagens que fizeram a Recife, André conheceu Roberta, uma jovem com quem acabou se casando, em 1996. Paulo, por sua vez, já havia se casado um ano antes com a carioca Ana Paula Figueiredo Barros.

"Paulo se casou, eu também vou me casar", brincou André, que teve mais dois casamentos pela frente. Um durou pouco mais de um ano; e o outro continua com a paulista Cláudia Bazon, com quem vive há mais de dez anos, na zona norte da capital paulista.

Outro amigo alegre, espirituoso e brincalhão de Paulo Henrique é Evandro Redó, apelidado de Bozó desde sempre. Assim como André Lisboa, Paulo também conheceu Bozó na Fasp, onde terminaram o curso juntos em 1989.

Evandro nasceu em Rinópolis, pequena cidade do oeste paulista a pouco mais de 500 km de São Paulo, capital, em 1964.

Depois de morar na cidade vizinha de Osvaldo Cruz, seus pais, Luiz e Eunice, mudaram-se para Dourados, no estado do Mato Grosso do Sul. Foi uma passagem efêmera, porque a família voltou para São Paulo quando Evandro tinha, 13 anos.

Numa entrevista virtual que me concedeu, em razão da pandemia, em abril de 2021, Evandro foi contando um pouco de sua vida e a relação de amizade com o nosso biografado.

Aos 15 anos conseguiu seu primeiro emprego na Rohr S/A Estruturas Tubulares e, ao contrário do amigo André Lisboa, começou a se encantar com a informática, fazendo vários cursos nesse setor. Na própria empresa conseguiu uma posição na área de processamento de dados, onde permaneceu até a sua saída, em 1984.

Seus pais tinham voltado para Dourados, mas ele resolveu permanecer em São Paulo, morando com a avó, quando iniciou seus estudos na Fasp e conheceu o amigo e futuro patrão, Paulo Henrique Pichini. Nessa época, Bozó trabalhava na Abbott Laboratórios do Brasil, depois de perambular por outras empresas de vários segmentos.

A amizade entre eles foi tão forte que Paulo Henrique foi convidado a ser seu padrinho de casamento, pouco antes da cerimônia de formatura; e, posteriormente, padrinho de César, seu filho caçula nascido em 1991. Evandro havia se casado com Silvana da Silva Coelho, com quem conviveu por treze anos e teve outros dois filhos: Pamela e Caio.

Em 2007, separado da mulher há vários anos, Evandro conta que Murilo Serrano o convidou para ver a largada do Rally dos Sertões, em Goiânia, quando conheceu o novo amor de sua vida: Tainã Silva Sacramento.

Depois de flertes e conversas, convidou Tainã para passar alguns dias em São Paulo. "Ela veio e se esqueceu de voltar" gracejou Evandro, que nunca perde o seu tom jocoso até em assuntos mais delicados.

Ele foi trabalhar com Paulo Henrique em 1999, quando a Connect Systems tinha completado sete anos e já gozava de excelente reputação na área de tecnologia. No ano seguinte, foi vendida para a Getronics, integradora holandesa de serviços de tecnologia da informação e comunicação (TIC) fundada há mais de 130 anos. Com a compra, todos os funcionários da Connect, inclusive Bozó, foram transferidos para a multinacional holandesa.

Na nova casa, seu chefe imediato era Murilo Serrano e, quando este saiu, em 2006, Evandro se desentendeu com o novo diretor, deixando a empresa meses depois.

Após dois anos, Murilo e Bozó resolveram tentar uma nova atividade, que estava muito longe de seus desígnios: compraram um posto de gasolina na zona norte de São Paulo e deram com os burros n'água.

Depois de trabalhar por conta própria novamente em São Paulo, Bozó resolveu mudar de forma radical a sua vida doméstica, trocando o urbano pelo bucólico: "Mulher", referindo-se à Tainã, "vamos sumir daqui", propôs ele.

E não deu outra. Vendeu a casa, comprou uma chácara em Guararema e mudou-se depois para uma outra, nas cercanias de Taubaté, onde vive ao lado de cachorros, patos, marrecos, galinhas, peru e muitas árvores frutíferas.

O seu gosto pela tecnologia da informação, entretanto, nunca esmoreceu, e assim que a Go2next, segunda empresa criada por Paulo Henrique, fechou contrato com a Novelis Inc. — uma das maiores fabricantes de laminados e reciclagem de alumínio do mundo — Bozó foi convidado a representá-la em Pindamonhangaba junto àquela organização. Atualmente, mora a uns 15 km da Novelis Inc. e, desde 2015, é residente da Go2next oferecendo assistência técnica e suporte de informática à corporação.

O PULO CERTO

Em fins de 1988, depois de muita dedicação e trabalho com seu colega Márcio Nóbrega na área de informática, Paulo Henrique fortaleceu a ideia de deixar mesmo o Banco Real.

Um dos diretores, Antonio Carlos Bindi, aconselhou-o a não ter tanta pressa, pois estava a caminho de uma carreira brilhante no banco, podendo chegar, quando tivesse entre 35 e 40 anos, a vice-presidente da instituição, com bom salário, casa boa e uma reputação considerável. Entretanto, ele estava mesmo decidido a deixar o emprego, aliás, um caso raro na instituição, cujo dono, Aloysio de Andrade, investia na possibilidade de florescimento de muitos executivos de alto desempenho com o Plano de Estagiário Menor. O empresário chegou até a chamá-lo para uma conversa particular na tentativa de demovê-lo da decisão, mas não teve êxito.

"Fui algumas vezes à sala dele para arrumar seu microcomputador. Sempre foi muito gentil comigo", lembrou Paulo Henrique,

que não desdenhou a perspectiva profissional que teria caso permanecesse no banco. Porém, reconhecia que era uma carreira muito longa e demorada. E ele tinha pressa. Mais maduro e consciente, fez o dono do Banco Real ver que a informática naquela instituição era apenas uma área de suporte, e ele queria exercer o seu trabalho onde a informática fosse o foco do negócio.

Após ouvir as premissas do ex-estagiário, Aloysio de Andrade notou que não poderia contar com aquele jovem promissor em seu quadro de colaboradores, e o jeito foi liberá-lo para seguir sua trajetória profissional.

A maior indignação em relação a esse episódio aconteceu na casa do então demissionário, quando contou toda a história a seus pais, Mário e Nina. Atônitos e confusos, iniciaram um ríspido diálogo com o filho, questionando a sua decisão de deixar um emprego tão promissor como aquele. A conversa durou algumas horas, mas Paulo Henrique pareceu ser convincente em suas explanações e conseguiu amenizar o clima tenso. Seus pais contemporizaram e logo perceberam que não podiam mais refrear as investidas do filho.

No Brás, bairro paulistano carregado de histórias, Paulo Henrique morou até os 14 anos e teve a oportunidade de viver os melhores momentos de sua infância, iniciar seus estudos e conseguir o primeiro estágio no Banco Real, hoje Santander. Ao concluir a Escola Estadual Romão Puiggari, já sabia que queria cursar eletrônica com foco em telecomunicação, indo para a Escola Técnica Federal de São Paulo.

Paulo aos 2 anos.

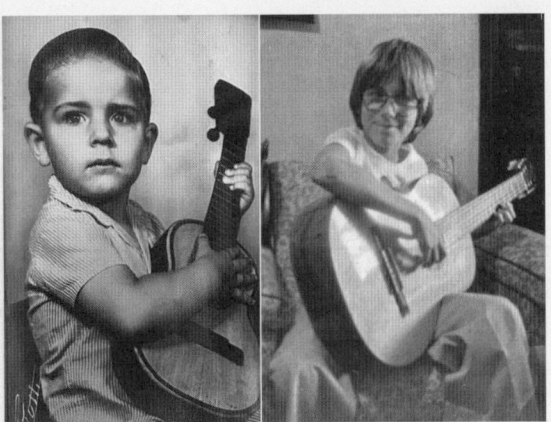

Paulo e o violão, que tocou até os 14 anos.

Paulo e a irmã, Cynthia.

Paulo com seus pais.

Com Mário, Nina e Cynthia em férias. Teresópolis, RJ.

Nina, a querida mãe de Paulo, ainda jovem.

Nas curvas da vida

Nina e Mário, pais de Paulo, recém-chegados a São Paulo.

Mário iniciando no jornalismo como arquivista.

Mário já na redação do *Notícias Populares*.

Characara, o reduto da família e amigos.

A chácara e o LADA, presenteado ao pai.

A primeira viagem de avião, aos 20 anos, para Recife, que passou a ser sua cidade de coração e alma.

Primeira viagem internacional – Networld.

Networld, Las Vegas.

Feiras de Informática.

As primeiras palestras.

Foto para a mídia.

Prédio onde Paulo morou, no Brás, até os 14 anos.

O apartamento no Brás.

Primeiro carro da família.

Árvore onde Paulo e os amigos fizeram uma casinha e caçavam passarinhos.

Foto atual das fábricas Matarazzo, que produziam massas e biscoitos.

SENAI onde Paulo tentou vender amendoim por uma semana.

Rua Assumpção, onde Paulo jogava bola e corria de carrinho de rolimã.

Vilinha, cheia de italianos e europeus migrados ao Brasil.

CAPÍTULO III

O CAMINHO PARA A INFORMÁTICA

Deixando o sistema bancário para trás, Paulo Henrique seguiu em frente e retomou os contatos com a Software SPA/SPI, empresa que prestava serviços para o Banco Real e que também vinha assediando-o a deixar a instituição para integrar-se à equipe deles.

Já com 23 anos, Paulo abandona então o insigne emprego, que lhe garantia uma carreira executiva no setor bancário, para entrar de vez na área de informática. Sua admissão na Software SPA/SPI Ltda. ocorreu em 1º de abril de 1988.

Conforme lembra Paulo Henrique, a SPA/SPI era uma empresa de empreendedores liderada por oito sócios — seis baseados no Rio de Janeiro e dois em São Paulo — que tinham duas minas de ouro nas mãos: o software de integração Open Access e a homologação da Novell Inc., empresa americana de software especializada em tecnologia de redes e internet, que foi muito conhecida por seu produto Netware. Este era o primeiro sistema operacional para servidores capaz de possibilitar o compartilhamento de arquivos e impressoras de maneira confiável e fácil de gerenciar em computadores pessoais (PCs).

Foi nessa empresa que Paulo conheceu Murilo Serrano, um jovem que acabava de concluir o estágio e fora trabalhar na área de suporte técnico, já operando o software integrado Open Access. Outra amizade efêmera na SPA/SPI, mas que perdura até os dias atuais, foi com Augusto Piffer, já casado na época com a Tânia Cristina e com um filho, Bruno, de apenas um ano. Depois vieram Raphael e a caçula Amanda, quando já moravam em Poços de Caldas.

Formou-se ali uma amizade sedimentada por meio de gentilezas de ambas as partes. Certo dia, na SPA/SPI, Paulo Henrique comentou com o amigo que queria fazer uma grande festa em comemoração ao seu aniversário, mas como sua casa era pequena não abrigaria todos os convidados. Augusto, na hora, resolveu o problema:

"Vamos fazer lá em casa, pois tem espaço", propôs, animado.

A iniciativa agradou muito o aniversariante, que até hoje enaltece o gesto carinhoso do amigo.

Tempos depois, Augusto convidou Paulo Henrique para ser padrinho de seu segundo filho, Raphael, em Poços de Caldas. Quando a criança atingiu a maioridade, 18 anos, Paulo Henrique foi novamente convidado para a festa e, desta vez, chegou chegando:

"Nossa!!! O Paulinho chegou aqui com um Porsche conversível e foi uma festa pra todo mundo. Todos queriam dar uma volta no carro", lembrou Augusto, que também não se furtou a ir a São Paulo algumas vezes para participar de festividades promovidas por Paulo Henrique, o que o deixava muito feliz.

Apesar do pouco tempo que permaneceram juntos na SPA/SPI, a amizade entre os dois nunca esmoreceu.

Augusto deixou a empresa em 1989 para trabalhar na Sisco-Sistemas e Computadores, de Henry Maksoud, em São Paulo, onde permaneceu por quase dois anos.

Em 1991, mudou-se de vez para Poços de Caldas, onde fundou, dois anos depois, a Point Informática, empresa voltada à venda de computadores, suprimentos e acessórios e que, também, oferecia assistência técnica.

Coincidentemente, Paulo Henrique e Augusto entraram no mesmo dia na SPA/SPI. O primeiro atuando na área técnica, com a responsabilidade de dar informações sobre os benefícios dos produtos no processo de venda; e o outro na área comercial.

Não demorou muito para Paulo ser promovido a gerente de arquitetura de software, quando se aproximou mais do colaborador Murilo Serrano. Logo de cara a dupla pegou um osso duro de roer por conta da reserva de mercado do setor de informática no Brasil, instituída em 1984 pela Política Nacional de Informática (PNI), durante o governo de João Baptista Figueiredo, o último presidente militar do Brasil. Seu objetivo era fomentar o desenvolvimento da indústria tecnológica nacional e incrementar a pesquisa interna em ciência e tecnologia.

Naquela época, o governo militar considerava a indústria de computadores vital para a segurança nacional, e já se delineava um projeto de instituir uma reserva de mercado para fabricantes brasileiros de produtos dessa área.

De acordo com dados do Departamento de Informática da Universidade Estadual de Maringá (UEM), em Minas Gerais, no ano de 1976 foi iniciada a criação da reserva de mercado na faixa de minicomputadores para empresas nacionais, além da instituição do controle das importações. A partir de 1979, a intervenção governamental no setor foi intensificada com a extensão da reserva de mercado para microcomputadores, criando, a partir daí, a Secretaria Especial de Informática (SEI), vinculada ao Ministério da Ciência, Tecnologia, Inovações e Comunicações do governo federal.

De longa data a SPA/SPI queria homologar a sua parceria com a americana Novell Inc. no governo para operar no Brasil.

Nessa época, Paulo Henrique e Murilo Serrano trabalhavam como técnicos de rede da SPA/SPI — sediados no escritório em São Paulo, na Rua Sílvia, Bela Vista, na região da avenida Paulista —, monitorando e oferecendo todo o apoio possível ao colega que se encontrava na SEI, em Brasília, negociando com as autoridades.

"Passamos três dias e três noites nessa angustiante tarefa", lembrou Paulo Henrique.

A posição do governo brasileiro, entretanto, vinha dando muito pano pra manga dentro e fora do país, desde a sua implantação nos primórdios da década de 1970. Multinacionais como Burroughs, IBM, Olivetti, HP etc. ficaram proibidas de concorrer com a indústria nacional de computadores. A premissa do governo era fortalecer as empresas brasileiras para que num futuro próximo tivessem condições de crescer e participar de uma concorrência internacional. A intenção era levar essa medida protecionista até pelo menos 1992, mas, aparentemente, o tiro estava saindo pela culatra, uma vez que as negociações para a reserva de mercado estavam complicadas.

Críticos brasileiros como Antonio Carlos M. Mattos, professor do departamento de informática e métodos quantitativos da Escola de Administração de Empresas de São Paulo da Fundação Getulio

Vargas (FGV), classificavam a reserva de mercado como o surgimento de mais um cartel na economia nacional e que penalizava os consumidores, que eram obrigados a adquirir equipamentos obsoletos, de baixa qualidade e por preços exorbitantes. No plano internacional, ainda segundo o professor, denunciavam-se as contínuas quebras de patentes e violações de propriedade intelectual, cometidas por empresas brasileiras sob a proteção da lei. Organizações estrangeiras (com raríssimas exceções) sequer podiam vender seus produtos no país.

Até o coronel Edison Dytz[17], grande defensor da reserva de mercado quando era o secretário-geral da SEI, dizia que era hora de repensá-la, antes que fosse sepultada sob pena de proteger uma indústria de ferro-velho.

Todo esse clamor acabou sendo benéfico para a SPA/SPI, o que ficou visível no encontro de Brasília com membros da SEI. Após exaustivas negociações e demonstrações, o governo federal resolveu ceder e reconhecer a superioridade da estrangeira Novell Inc. sobre as empresas brasileiras e aprovar a sua participação no mercado nacional. Foi difícil, mas o jogo estava ganho.

Nos meses seguintes, Paulo Henrique percebeu que a SPA/SPI começava a mudar o seu perfil de tecnologia, e isso o motivou a procurar outro emprego, mais condizente com o seu ideal já formulado de trabalho, ou seja, implementar projetos na área de telecomunicações, o que sempre foi sua paixão.

Tanto que, quando trabalhava na SPA, teve a oportunidade de envolver-se e conhecer com profundidade o software Open Access — composto basicamente por um banco de dados, uma planilha eletrônica e um editor de texto. De maneira geral, os técnicos de computação se debruçavam sobre esses três itens. Havia, no entanto, um módulo de comunicação no software, voltado apenas para a produção de um boletim eletrônico, ao qual ninguém dava bola. Foi exatamente essa parte que encantou Paulo Henrique.

---

17 E. Dytz. *Momentos de decisão*. Dados e Idéias, set-1987, p. 33.

"Quando cheguei na empresa, dediquei-me integralmente a esse módulo de comunicação, que me permitia falar de São Paulo com funcionários sediados no Rio de Janeiro a uma velocidade de 1.200 bps, o que era fantástico na época", lembrou Pichini com entusiasmo.

A mudança de estratégia tecnológica da SPA/SPI levou Paulo a pedir demissão no dia 30 de março de 1991. Dois dias depois, em 1º de abril, já estava registrado na Eden Sistemas de Computação, também carioca e uma das primeiras fabricantes de placas de rede do país.

A Eden fazia compartilhamento de comunicação de vários hardwares e era isso o que Paulo Henrique queria e sabia fazer. Como desenhista, idealizava projetos e soluções para depois implantá-los nos clientes.

Um belo dia, Paulo Henrique recebeu uma nova proposta de emprego do banco francês Crédit Commercial de France (CCF), situado na avenida Paulista. Quem o convidou foi Eduardo Oliva, diretor de informática da instituição, que já conhecia o seu trabalho na Eden. A proposta era irrecusável, pois oferecia a ele exatamente o triplo do salário que ganhava.

Feliz da vida, dirigiu-se ao banco CCF para consultar a área de Recursos Humanos e lembrou-se do amigo Márcio, que nunca deixou o setor bancário. "Será que vou voltar?", pensou.

Resoluto, foi à Eden dar a notícia a Carlos Henrique Correa, o Kiko, seu chefe e fundador da Eden:

"Bom dia, Kiko! Desculpe-me, mas vim aqui pedir demissão do meu cargo. O que me ofereceram não dá para pensar duas vezes. Vou mesmo sair", disse.

Sentado à sua frente e surpreso pela decisão repentina do colaborador, Kiko respondeu em tom aquiescente:

"Tudo bem, mas posso saber para onde você vai?"

"Para o banco CCF, a convite de uma pessoa que você conhece", disse.

"Como assim? Então não vou deixar você sair daqui porque essa pessoa que o convidou não é digna de confiança. Confie em mim", insistiu o chefe.

Paulo Henrique, confiante, mas surpreso com a indignação de Kiko, ainda ponderou:

"Mas a proposta é muito boa financeiramente, tem plano de carreira, perspectiva de crescimento, além de ser uma empresa gigante do setor bancário. E tem mais...", continuou Paulo.

Kiko deu uma cortada nele e disse:

"Eu não posso cobrir a oferta que lhe fizeram, nem de longe, mas, como sei que você anda louco para ir aos Estados Unidos, vou lhe fazer uma proposta. Além de 25% de aumento em seu salário, vou mandá-lo para os States, onde permanecerá por vinte dias, para um propósito muito peculiar em sua carreira", afirmou.

Ao assentir, lá foi Paulo pela primeira vez aos Estados Unidos, no final de dezembro de 1991, para participar do primeiro congresso internacional de tecnologia da sua vida: o Networld — San Francisco, conhecido depois como Interop Technologies, considerado o maior congresso da área de rede e comunicação do mundo. Outro desejo, também atendido, foi participar da Computer Distribution Exhibition (Comdex), a maior feira de computação do mundo, realizada em Las Vegas.

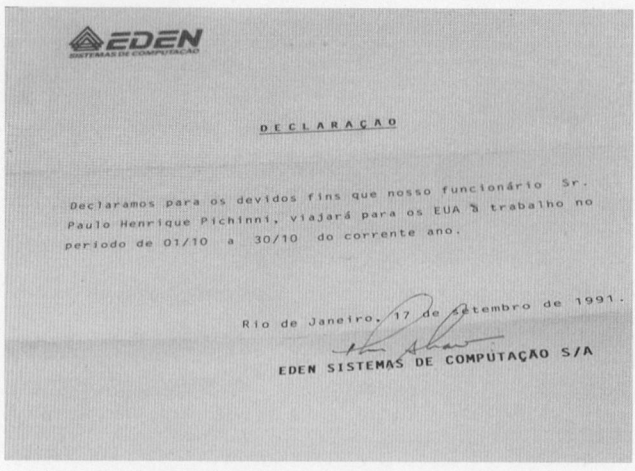

Carta da Eden para a primeira viagem aos Estados Unidos.

Por ser uma das figuras bem-conceituadas no quadro de funcionários da Eden Sistemas de Comunicação, Paulo Henrique foi conquistando a confiança do chefe. Formado pela Pontifícia Universidade Católica do Rio de Janeiro (PUC/RJ), o carioca Kiko nasceu de uma família de classe média, cujo pai era oficial da Marinha, engenheiro, mas preferiu seguir a carreira executiva. A princípio, Kiko queria ser professor, mas quase virou jogador de futebol graças à destreza que tinha no esporte.

Estudante do Colégio Santo Inácio, situado na zona sul do Rio de Janeiro, além de bom aluno, o fundador da Eden era conhecido como um dos melhores jogadores de futebol da escola, chegando a ser convidado para um teste no Flamengo, e ter passado, quando tinha cerca de 14 anos.

Dedicou sua tese à rede de computadores no início dos anos 1980 na PUC/RJ e a defendeu três anos depois, partindo em seguida para cursar o doutorado, quando conseguiu o seu primeiro emprego na vida. Foi contratado como engenheiro de projetos pela Telebrás, que na época financiava um programa para construir um nó de rede de computadores no Brasil.

Naquele tempo, não havia internet como rede mundial e os problemas de comunicação de dados, tanto do sistema financeiro como de órgãos públicos, por exemplo, eram resolvidos por meio da Rede X-25 — um conjunto de protocolos padronizado pela International Telecommunication Union (ITU), a agência da ONU especializada em tecnologias de informação e comunicação.

Kiko trabalhava na PUC/RJ, mas quem pagava o seu salário era a Telebrás. Saiu de lá um ano depois, já com a primogênita Mariana, quando fundou, em 1985, com "a cara e a coragem", conforme seu relato, a Eden Sistemas de Computação. Tinha como sócios fundadores os amigos Fernando Jefferson e Ewerton Vieira.

"Foi em março de 1991 que eu contratei os paulistas Paulo Henrique Pichini, Murilo Serrano e José Carlos Scheid, que fundaram no ano seguinte a Connect Systems " disse Kiko durante entrevista virtual realizada em meados de dezembro de 2020. Segundo ele, Paulo Henrique tinha um talento nato para interagir com o cliente e logo estabelecia empatia com quem estava do outro lado da mesa.

"Estava claro que Paulo Henrique não ficaria muito tempo conosco porque tinha uma vontade muito grande de empreender. Mesmo antes de fundar a sua empresa, ele comprava produtos nossos para revender. Na verdade, Paulo se moldou em mim e foi melhor", disse.

Paulo Henrique conta que Kiko era uma pessoa muito talentosa, mas não se sentia à vontade para apresentar projetos nem falar em público. Por ser extremamente técnico, não ficava confortável para expor todo o seu conhecimento de uma maneira didática e formal. Diante disso, não se furtou de transmitir tudo o que sabia ao seu subordinado.

Em que pese essa circunstância insociável para ele, Paulo Henrique passou a ser seu porta-voz e foi aprendendo a apresentar projetos, falar em público, fazer palestras, enfim, foi se aprimorando cada vez mais.

Diante dessa nova habilidade em sua vida, começou a se preparar para apresentar eventos com Marcos Wettreich, um empreendedor ligado à tecnologia e internet que se destacava, na época, com a empresa Mantel Marketing, especializada em consultoria de publicidade. Além de sabatinar os principiantes, Wettreich e sua equipe colocavam de dez a vinte palestrantes num determinado congresso e faziam depois a avaliação. Na primeira vez, Paulo Henrique foi bem avaliado e, na segunda, tirou a melhor nota do grupo, o que o qualificou para fazer palestras em eventos organizados pela Mantel, como a Exponet, voltada para redes de comunicação.

O passo seguinte foi participar do chamado "tutorial", que consistia em fazer uma maratona de palestras, das 8h às 12h e das 14h às 18h, um dia antes de qualquer congresso da Mantel, sempre na área de rede e telecomunicações.

Era meio hercúleo encarar tamanha responsabilidade de fazer palestra para um público de cerca de trezentas pessoas, sendo a metade de engenheiros da Embratel. Conforme Paulo, a tarefa era desafiadora e atemorizante ao mesmo tempo, afinal não era fácil enfrentar aqueles profissionais sentados na primeira fila, sedentos para aprender, mas também para desqualificar qualquer tropeço do palestrante.

Ao contrário de alguns indivíduos por aí que supostamente faturam milhões de reais fazendo "palestras" em algumas partes do mundo, Paulo Henrique as fazia, inicialmente, para agregar valor à Connect Systems, sua primeira empresa.

Apesar do pouco tempo em que permaneceu na Eden — onde entrou como gerente da filial de São Paulo, mas atuou muito mais como projetista —, Paulo o considera um dos períodos mais importantes de sua vida. Logo após sua viagem aos Estados Unidos, foi chamado ao Rio de Janeiro, sede da empresa, para uma conversa com Kiko, que o alertou sobre o período difícil que a Eden estava passando naquele momento. Resolvera até mudar a logística, deixando de fazer projetos e soluções para se especializar somente na venda de equipamentos, tornando-se mais distribuidora que integradora.

A conversa, a princípio, parecia ter sido desagradável, pois Paulo não queria mudar a sua área de atuação, mas foi convencido pelo seu chefe de que deveria mesmo deixar a empresa. Saiu de lá com um trunfo promissor em sua vida, diante da aquiescência do presidente em ajudá-lo no desafio de montar uma empresa voltada para vender projetos. Aos 26 anos, no dia 3 de fevereiro de 1992, ele deixou a Eden Sistemas de Computação.

CONNECT SYSTEMS: A PRIMEIRA EMPRESA

Ao perceber que estava ao lado de pessoas influentes que enalteciam o seu desempenho profissional, Paulo Henrique foi amadurecendo a possibilidade de montar o seu próprio negócio, especialmente após a conversa com Kiko no Rio de Janeiro. Chamou o amigo Murilo Serrano e, juntos, começaram a montar o plano de ação.

O problema inicial era o "vil metal", sim, o cobiçado dinheiro, que, até então, estava a quilômetros de distância deles. A saída da Eden foi uma decisão correta, ainda mais com o aval do presidente da empresa, que foi, sem dúvida, uma das principais alavancas que o levaram a descortinar o caminho do sucesso empresarial pouco tempo depois.

Desempregado, mas com o pensamento firme, alto e voltado para a nova tecnologia de armazenamento de dados em nuvem, Paulo seguiu o seu caminho, pois esse novo sistema passou a representar quase uma simbologia que mais tarde seria um de seus tesouros na vida cibernética. Todo dia se reunia com o amigo Murilo Serrano, com o propósito de discutir essas novas ferramentas e alinhavar os caminhos para a abertura da empresa.

Dois elementos foram fundamentais para o sucesso da dupla: primeiro, a sorte, se bem que para ele é uma contingência relativa, pois o sujeito precisa, acima de tudo, ter coragem e capacidade. O segundo foi o apoio dos amigos Kiko, fundador da Eden, e Flavio Hesse de Meira Penna, diretor do Banco Fernandez Carneiro (BFC) e também sócio e presidente da Eden.

Dos grandes sócios do BFC, um deles era Antônio José Carneiro, o Bode, apelido que ganhou desde a infância por conta de seu sobrenome Carneiro. Aliás, o Bode era o maior acionista individual do BFC e, também, dono do Banco Multiplic, situado em um vistoso edifício na avenida Berrini, em São Paulo, que foi vendido ao Lloyds Bank por US$ 300 milhões.

O BFC era controlado pela holding Sapucaia, cujos donos eram Francisco Gros, Ricardo Fernandez e Luiz Otávio Carneiro, irmão do Bode. Gros passou a ser sócio do BFC em novembro de 1989, após ter sido presidente do Banco Central do Brasil e diretor do Banco Nacional de Desenvolvimento Econômico e Social (BNDES). Ele comprou 33,3% das cotas do banco e assumiu sua presidência até maio de 1991. O curioso nessa história é que, durante a gestão de Gros, o BFC acabou quebrando em razão de desvios de recursos, segundo relatório do Banco Central[18]. E o foco principal desses desvios era justamente a compra da empresa de informática Eden Sistemas de Computação S.A. Em dezembro de 1995, o Banco Central decretou a liquidação extrajudicial do BFC e outras seis empresas de informática controladas pela Sapucaia, inclusive a Eden Sistemas de Computação. Em junho de 1997, a justiça decretou a falência da holding Sapucaia.

Flavio Meira Penna era um banqueiro muito conhecido no mercado financeiro, com posição de destaque no mundo corporativo, e se dispôs também a ajudar Paulo Henrique e Murilo Serrano. Com o apoio, surgiu, segundo eles, o encontro dos deuses, por considerarem ser este o mais importante na vida dos dois amigos. O patrocinador dessa conversa foi justamente Kiko, que orientou a dupla a montar uma empresa de projetos, que a Eden, agora em nova atividade, na área de distribuição, deixaria um importante campo em aberto e passaria todo o trabalho para os dois jovens. Depois desse alicerce, Flavio Penna complementou o serviço, oferecendo a eles uma ajuda de custo individual de R$ 450 mensais, por três meses e, a partir do 4º mês, eles começariam a devolver o dinheiro emprestado. Naquele tempo, esse valor para ajuda de custo representava um dinheirão, principalmente para quem não tinha nada.

Depois desse suporte financeiro, Paulo Henrique e Murilo Serrano compenetraram-se da nova tarefa e dos novos compromissos, passando a se dedicar integralmente ao trabalho. Começaram a fazer "bicos" aqui e acolá, providenciando a papelada para a abertura, no dia 7 de fevereiro de 1992, da então sonhada Connect Systems.

Nessa ocasião, Paulo conheceu Jordão, um empresário sonhador como ele e que precisava de gente da área de tecnologia para desenvolver suporte técnico e software para a sua empresa de eventos.

---

18 Relatório do Banco Central — O colunista Chico Santos, do jornal *Folha de São Paulo*, da sucursal do Rio de Janeiro, foi quem fez essas revelações por meio de matéria publicada no site de informática da empresa, em março de 2000.

Sem titubear, os dois sócios pegaram o trabalho e o desenvolveram nos finais de semana, à tarde e à noite, sem horário para voltar para casa, com o intuito de ganhar dinheiro para iniciar a capitalização e garantir a vida da recém-criada empresa. Jordão começou a gostar do trabalho dos rapazes e lhes ofereceu uma sala de sua propriedade na rua Canário, em Moema, em troca dos serviços de informática prestados a ele. Foi o melhor dos mundos, pois Paulo Henrique podia dispensar o carro e ir caminhando para o trabalho.

Depois de quitarem o adiantamento do banco nos três meses subsequentes, a dupla começou a vislumbrar os primeiros faturamentos, pois naquela época o mercado andava muito carente.

A Eden foi uma verdadeira mãe para seus ex-funcionários. Além do auxílio de R$ 450 mensais, ainda deu um prazo mínimo de seis meses para a cláusula de não concorrência, o "Non Compete", ou seja, nesse período, não poderiam oferecer serviços a nenhum cliente da Eden. As coisas estavam dando tão certo que algumas empresas, como a Bayer, por exemplo, seguraram suas compras até a finalização do prazo do "Non Compete" para fazer negócio com eles. Os primeiros trabalhos eram sempre bem-feitos e realizados com um esmero profissional tão grande que foi dando à dupla uma caracterização de competência e confiança.

O primeiro cliente que chegou de fato, naquele fevereiro de 1992, foi a Plásticos Metalma S.A., uma organização do grupo Matarazzo, fundada em 1917 pelo patrono Francesco Matarazzo, que fabricava, além de embalagens para suas indústrias de alimentos, a parte posterior das televisões da época. A indicação desse primeiro comprador foi da própria Eden, que estava mesmo disposta a ajudá-los. A Metalma ficava na rodovia Raposo Tavares e era presidida pelo italiano Enrico Trifiletti, um senhor simpático, já de idade, muito alegre e divertido, que apertava as bochechas do Paulo Henrique, ainda mocinho, num gesto cordial e carinhoso. Trifiletti faleceu em meados de 2018. As interlocuções com a empresa eram feitas por meio da gerente de infraestrutura, a japonesa Suely Kodama.

A princípio, a Connect Systems virou praticamente uma revenda da Eden, que, naquela época, andava mal das pernas. Em que pese o raciocínio lógico dos acontecimentos, essa desventura acabou por alavancar as pretensões da Connect, que absorveu boa parte da equipe da Eden, até para dar continuidade a vários contratos que ainda estavam em vigor, como o do Banco Bamerindus, depois HSBC. Esse cliente os obrigou a comprar vários equipamentos de reserva da Eden para dar suporte na manutenção do trabalho.

Apesar de iniciantes no setor, Paulo Henrique e Murilo Serrano já agiam com uma visão futurista nesse negócio. Ao notar que o mercado estava precisando de um integrador, resolveram criar a empresa com princípios diferenciados, ou seja, um integrador agnóstico, que era um jeito de não se prender a nenhuma marca de fornecedor específico para o desenvolvimento da solução. Paulo Henrique desenhava o projeto, e a equipe técnica, liderada por Murilo Serrano, esmerava-se na análise das marcas no mercado para propor o melhor resultado para o comprador. Muitas vezes eram apresentadas três soluções e, após a verificação dos prós e contras de cada marca, executava-se a implementação, sempre priorizando a necessidade do cliente, em detrimento de um ou outro fabricante.

Esse trabalho diferenciado da Connect Systems foi lançado muito à frente do mercado e chamou a atenção porque gerava contratos, receita recorrente e, acima de tudo, uma afinidade toda especial com a clientela que se sentia segura com o serviço desenvolvido. Esse diferencial de atendimento, que prioriza antes de tudo as necessidades dos clientes, tem contribuído para fidelizar algumas empresas. Prova disso é o Banco Safra, que permanece cliente desde 1992.

Paulo Henrique apregoava aos quatro ventos que arrojo e vontade não se aprendem na escola. É a vida que ensina e o profissional tem de vestir essa camisa. Outra característica marcante no Paulo, que se conserva até os dias atuais, é estar sempre atento às constantes mudanças, ou seja, observar outros modos de ser, de viver e de estar no mundo para ampliar a visão de inovação.

"Eu colocava na cabeça que pelo menos duas vezes por ano tinha de estar em um país de primeiro mundo, normalmente Estados Unidos, às vezes Europa, para ver o que estava acontecendo de novo e buscar uma visão de tecnologia", relatou ele.

Esmerava-se não só no trabalho como também nos estudos. Cursou a Escola Técnica Federal de São Paulo de 1979 a 1983 e no ano seguinte ingressou na Fasp (Faculdades Associadas de São Paulo), concluindo o curso seis anos depois, em administração de empresas com ênfase em análise de sistemas e informação.

Em 1990, especializou-se em redes de comunicação na Fundação para o Desenvolvimento Tecnológico da Engenharia da Escola Politécnica (FDTE[19]) da Universidade de São Paulo (USP), por três anos. De 1996 a 1998, fez o MBA-Executivo Internacional na Faculdade de Economia e Administração (FEA) da USP, e ficou imerso na Universidade do Tennessee, Michigan, Estados Unidos, por quarenta dias, para concluir os estudos. Sua ideia era se preparar melhor para ser um executivo internacional, o que acabou acontecendo com o seu ingresso, em 2000, para trabalhar na multinacional holandesa Getronics.

UM VEXAME BURLESCO

Ainda no início dos trabalhos, um fato inusitado e surreal aconteceu com a pequena e jovem Connect Systems.

Paulo Henrique Pichini e Murilo Serrano deram pulos de alegria quando fecharam um grande projeto com o Banco Safra, no final de 1992 e início de 1993, que consistia em reestruturar toda a área de tecnologia da empresa. Uma das agências onde foram fazer o serviço

---

19 A Fundação para o Desenvolvimento Tecnológico da Engenharia (FDTE) da Escola Politécnica da USP desenvolveu em 1973 o primeiro computador digital idealizado e produzido no Brasil destinado à Marinha, o chamado Minicomputador G-10.

situava-se justamente na avenida Paulista, o mais importante centro financeiro e cultural da cidade de São Paulo da época. O trabalho começou com três funcionários fazendo todo o serviço de cabeamento, puxando fios, desconectando tomadas, preparando drivers para futuras colocações de placas de rede, som e vídeo, enfim, um complicado emaranhado de acessórios e ferramentas. Não demorou muito tempo e tudo aquilo pifou. Pifou mesmo, chegando a cair toda a rede do banco. O gerente, desesperado, veio correndo falar com os jovens para resolver o problema com urgência, ainda mais porque tinha um velho de cabeça branca gritando palavras de ordem sem parar contra o banco. O sujeito, nervoso e espalhafatoso, vociferava porque não conseguia acessar a sua conta pela segunda vez, e iria chamar o rádio e a televisão para denunciar a falta de estrutura de uma organização de grande porte, em plena avenida Paulista. O gerente, furioso, pensou tratar-se até de um ato político de um radical que estava fazendo um verdadeiro escândalo no saguão. Saiu correndo para pedir socorro à equipe da ainda incipiente Connect Systems, que estava realizando os trabalhos. Um dos funcionários, o Vladir Silva, coincidentemente, era amigo do Paulo Henrique de longa data e, assim que soube do incidente, foi correndo até o saguão principal para ver o que estava acontecendo. Não acreditou no que viu, ao deparar-se com o velho de cabeça branca metendo o pau na agência.

"Nossa!!! É você, Zinho?", perguntou.

Desde criança, Paulo Henrique chamava seu pai de Zinho, um apelido carinhoso que até os amigos mais chegados costumavam usar para chamar Mário Pichini. É claro que, a partir daí, as coisas ficaram mais fáceis, principalmente, em se tratando do pai do patrão, que ao reconhecer os meninos pegou a sua pastinha e foi para outro canto, correndo. Só que em silêncio...

De lá para cá, Paulo Henrique e Murilo Serrano seguem até hoje trabalhando para o Banco Safra em vários projetos de tecnologia e inovação voltados para soluções de conectividade, colaboração e ambientes inteligentes capazes de melhorar a experiência de clientes e usuários do banco. Trata-se de projetos estratégicos ligados à inteligência de negócios que são diferenciais competitivos da instituição.

A PRIMEIRA DERROTA

Paulo Henrique sempre quis voar alto e, às vezes, as asas não condiziam com a altitude desejada, e o resultado era "ave no chão". Ou quase...

Na empresa Teleporto[20], situada no Rio de Janeiro, a Connect Systems participou de uma licitação e sua equipe deu um duro danado para fazer a apresentação dos trabalhos, indo e vindo para São Paulo várias vezes na semana e se esmerando em tudo que podia em termos de configurações tecnológicas, desenhos e infraestrutura. Pela dedicação desmedida dos profissionais, ele achou que venceria a concorrência, mas qual o quê... A gigante carioca achava que eles eram pequenos demais para um projeto daquela envergadura.

Chateados, mas dispostos a manter o voo alto, Paulo Henrique e Murilo Serrano perceberam que era chegada a hora de ganhar mais musculatura e continuar lutando na área de projetos portentosos. Foram em frente e encararam muitos dissabores na caminhada.

TORRES GÊMEAS E OS PRIMEIROS GRANDES CLIENTES

A Connect Systems trabalhava muito com soluções em rede e a empresa de tecnologia escolhida para lhe dar suporte foi a americana Novell Inc., especializada em software, que estava na moda na ocasião. Murilo Serrano, que conhecia muito bem essa área, afirmou

---

20 Teleporto, ou "Porto de Telecomunicações", é um núcleo provedor de serviços de alta performance voltados para empresas que demandam grande conectividade em banda larga, tanto local quanto em longa distância, servidos por satélites, fibra óptica, ondas curtas e outras estruturas de rede.

que, apesar de dominar o mercado na época, essa organização não conseguiria sobreviver aos tentáculos da Microsoft, que decidiu entrar com tudo no negócio de rede, lançando o seu sistema Windows OS/2 LAN Manager.

"Para concorrer com o Word da Microsoft, a Novell Inc. comprou um aplicativo de processamento de textos, o WordPerfect, da empresa canadense de software Corel Corporation, mas não obteve sucesso", afirmou Murilo. A Microsoft, segundo ele, ganhou a parada e cresceu tanto com o seu Windows, que chegou a dominar mais de 90% desse mercado.

A Connect Systems foi progredindo, principalmente, graças ao pioneirismo no avanço tecnológico. Na década de 1990, a tecnologia ATM[21] despontava como a grande inovação do momento, permitindo acoplar em um mesmo fio os sistemas de voz, dados e vídeo. Esse sistema foi lançado nos Estados Unidos pela Fore Systems, empresa de equipamentos de comutação de redes de computadores, com sede em Pittsburgh, na Pensilvânia, que se tornou a líder mundial de ATM naquela época.

Paulo Henrique não perdeu tempo e foi rapidamente para Nova York a fim de se especializar no novo sistema, o que lhe deu condições de poder levar seu primeiro grande cliente, o Banco Garantia[22], hoje UBS, até as Torres Gêmeas, em Nova York, com o objetivo de ver o novo programa em funcionamento. O World Trade Center foi o primeiro local no mundo a expor a nova tecnologia.

---

21 ATM (*asynchronous transfer mode* — modo de transferência assíncrono) é uma tecnologia de transmissão e comutação de informações. Pode ser usada na transmissão de informações em aplicações cuja natureza e requisitos de desempenho são distintos, e sua utilização é possível em aplicações de tempo real (telefonia e vídeo), além de transmissão de dados entre computadores, tanto em redes locais (LAN) como em redes abertas de longo alcance (WAN). Tempos depois, o ATM começou a ceder terreno à IP (*internet protocol*) e, principalmente, ao MPLS (*multiprotocol label switching*).

22 O Banco Garantia foi fundado por Jorge Paulo Lemann, um dos bilionários brasileiros que sempre encabeça a lista dos homens mais ricos do mundo, no ranking da revista *Forbes*. Lemann é também um dos principais responsáveis pelo escândalo contábil, ocorrido em fevereiro de 2023, que encobriu os registros de dívidas de R$ 43 bilhões aos credores da varejista Americanas e o suposto beneficiamento de lucro contábil também de seus sócios e acionistas, os bilionários Marcel Telles e Carlos Alberto Sicupira.

Na verdade, o Banco Garantia abriu uma concorrência e a Connect foi a única empresa a apresentar uma proposta baseada na tecnologia ATM, que solucionaria o objetivo do banco. Lembremos que a ATM era uma rede muito estratégica na época, ao contrário de hoje, dominada pela multimídia. Foi uma virada clássica, pois o canal de comunicação com o novo sistema ATM oferecia dez vezes mais banda larga que o tradicional Frame Relay. Isso quer dizer que, enquanto uma tecnologia tradicional oferecia 10 Megabits, a Connect, com o ATM, chegava a 155 Megabits para cada operador, o que a tornava imbatível.

A Connect Systems ganhou a licitação com a implementação dessa nova tecnologia, mas tinha um problema que precisava ser ainda muito bem explicado: o preço, que era cerca de três a quatro vezes maior que o da tradicional Ethernet. Estava aí, portanto, mais uma encrenca a ser muito bem trabalhada. Era preciso fazer o cliente entender que o novo sistema não era nenhuma iniciação cibernética, mas sim uma inovação com tecnologia de ponta e vantagens significativas para a empresa. Muito diferente, por exemplo, do custo de um projeto de commodity que, obviamente, era mais barato que um sistema inovador, cujos preços eram sempre mais altos. O grau de persuasão de Paulo Henrique, embasado em seu conhecimento sobre o novo sistema, foi forte o suficiente para alavancar e justificar o inolvidável e caro projeto. Em vez de mostrar o preço pelo complexo ATM, ele mostrava o valor do Megabit por segundo (Mbps). Enquanto a solução da concorrência custava R$ 10, mas oferecia também 10 Mbps de velocidade, custando R$ 1 cada Megabit; a sua saía por R$ 30, mas dava 155 Mbps de velocidade, o que acabava ficando bem mais compensador.

Parecia que o negócio com o Banco Garantia estava fechado, mas a empresa queria ver a novidade de perto, *in loco*, e funcionando perfeitamente. Além do mais, não iria desperdiçar o privilégio que tinha, ou seja, ter uma sala no World Trade Center, em Nova York, para demonstrar a solução, o que facilitaria muito mais as negociações.

Paulo Henrique foi para os Estados Unidos, pela Connect Systems, dias antes do trio que representava o Banco Garantia: Marcelo Drewanz, Marcelo Barbará e Luiz Serra.

O pessoal ficou fascinado quando percebeu a possibilidade de poder trafegar no mesmo canal de comunicação voz, dados e imagem. Era possível, por exemplo, ver o operador trabalhando ao telefone, no computador e, ao mesmo tempo, assistir à CNN para saber como estavam os negócios de papel na Europa, nos Estados Unidos ou na China. Hoje isso é muito comum, mas naquela época era uma grande novidade, simplesmente fantástico.

Três dias depois, de volta ao Brasil, os três integrantes do Banco Garantia bateram o martelo e fecharam com a Connect Systems.

Paulo Henrique não se acomodou com as novidades oferecidas pela tecnologia ATM e, ao contrário, aprofundou-se cada vez mais no novo sistema. Acabou sendo convidado e se tornando membro do ATM Fórum, um organismo internacional tão valorizado, cujos integrantes eram chamados de "cabeças do planeta Terra", por pensarem sempre no futuro da rede ATM. Além de ser convidado pelo fórum, por liderar a primeira empresa brasileira a se utilizar desse dispositivo, foi também o primeiro sul-americano a ser aceito como membro desse órgão, tornando-se uma espécie de *advisor* por ser formador de opinião no Brasil. Toda vez que o ATM Fórum ia lançar uma nova onda de tecnologia, seus diretores consultavam os filiados do mundo inteiro para avaliar a necessidade ou não de determinada tecnologia. E Paulo Henrique representava o Brasil.

Ele chegava a gastar de duas a três horas diárias com assuntos relativos ao ATM Fórum. Lia dezenas de e-mails diários sobre o fórum e costumava fazer uma *conference call* a cada quinze dias. Essa rotina o acompanhava desde que se integrou ao conselho da associação, que reunia mais de quatro mil empresas e quase 4.600 membros.

"Além do orgulho por ter sido eleito para participar do conselho, a atuação no fórum foi positiva para meu networking e deu maior visibilidade ao meu trabalho e à tecnologia desenvolvida no Brasil", afirmou Pichini.

O NOVO MUNDO — WWW (WORLD WIDE WEB)

Ainda em 1994, mais um acontecimento de vulto aconteceu na vida do jovem empresário brasileiro. No dia 19 de maio daquele ano, ele foi aos Estados Unidos para participar, em Nova York, de um evento que tornou possível a popularização da internet, uma verdadeira revolução no mundo digital: o lançamento oficial do WWW (World Wide Web)[23].

"A partir de agora, todo mundo vai ter um site, que é o www" dizia, na época, um dos participantes do evento.

Nos Estados Unidos, já era possível ver na TV o site, de empresas com o www, mas no Brasil esse sistema demorou ainda uns quatro ou cinco anos até a completa adaptação ao mercado e às características nacionais.

O CRESCIMENTO DA CONNECT SYSTEMS

A Connect Systems foi fundada em fevereiro de 1992, como já vimos, e dois ou três anos depois, Paulo Henrique já havia contratado muitos funcionários da Eden, inclusive Carlos Henrique, Kiko, dono e sócio fundador dessa empresa e que foi seu chefe, lançando-o no mercado de palestras e apresentações em várias partes do mundo.

O curioso é que, nessa ascensão, ele começou a perceber que as outras empresas pelas quais passou ou teve qualquer relacionamento não

---

23 O World Wide Web, ou teia de alcance mundial, foi criado pelo físico inglês Tim Berners-Lee em 1990, na Suíça, no Laboratório Europeu de Física de Partículas, o CERN (sigla de Conseil Européen pour La Recherche Nucléaire). Fonte: E. Vieira. *Os bastidores da internet no Brasil*. Barueri: Manole, 2003, p. 6.

estavam se dando bem no mercado. Jordão, que tinha uma firma de eventos e lhe emprestou a sala na rua Canário, não andava bem das pernas. A Eden, grande distribuidora, uma gigante no mercado, cresceu tanto que depois quase implodiu. E o mesmo aconteceu com a SPA/SPI.

Como a Connect foi a primeira empresa do Brasil a se utilizar da nova tecnologia ATM em suas operações, isso foi lhe dando cada vez mais credibilidade no mercado. O objetivo agora seria elevar o patamar de faturamento da empresa.

Foi aí que Paulo Henrique e Murilo Serrano partiram para outro desafio, ao participarem da concorrência para fazer todo o trabalho de rede e cabeamento da Companhia Siderúrgica Paulista (Cosipa)[24], de altíssimo valor monetário. Era quase o montante de seu faturamento anual. Um dinheirão. Só que a sua concorrente era nada mais nada menos que a International Business Machines[25] (IBM).

Esse episódio marcou muito a história da Connect. Se a IBM ganhasse a concorrência, seria para ela mais um simples trabalho a executar; mas, para a Connect, que estava apenas começando, seria um projeto portentoso, da maior envergadura, o verdadeiro *annus mirabilis* da dupla.

A estrela brilhou para a Connect Systems, que acabou ganhando a concorrência. E mereceu, com todo o trabalho de cabeamento e, principalmente, o sistema inteligente da rede. Manoel Jaime Santos, CIO da siderúrgica, que queria uma tecnologia de altíssima velocidade, ficou maravilhado com a nova solução que oferecia 155 Mbps e 622 Mbps de velocidade na comunicação de dados, enquanto os concorrentes estavam operando com uma velocidade entre 10 Mbps

---

24 A Companhia Siderúrgica Nacional (CSN) tem sua sede no município paulista de Cubatão, litoral do estado de São Paulo, e conta com uma área de 12 milhões de metros quadrados, incluindo um porto privativo alfandegado capaz de operar 12 milhões de toneladas/ano e um complexo ferroviário com capacidade de atender 4 milhões de toneladas/ano. A empresa tem mais de cinco mil funcionários somente em Cubatão.

25 IBM – Fundada no início do século XX, com mais de quatrocentos mil colaboradores em todo o mundo, a multinacional é considerada a maior empresa da área de tecnologia da informação do mundo. Opera com engenheiros, cientistas, consultores e profissionais de vendas em mais de 150 países.

e 100 Mbps. Além de não ter trazido à época o ATM para o Brasil, a IBM também se recusava a implementar a infraestrutura física de cabeamento, o que facilitou as coisas para a jovem e arrojada Connect.

A rede da Cosipa tinha dimensões gigantescas, sendo uma parte física e outra de longa distância. Só no trabalho da parte física da empresa, que demandou uma área enorme de cabeamento, a Connect ficou quase desenvolvendo um trabalho contínuo.

Conforme Paulo Henrique, o projeto da rede ATM da Cosipa baseou-se na implementação de um *backbone* corporativo, abrangendo detalhes de cabeamento, infraestrutura e interconexão das estações de trabalho. Disse que a fábrica possuía cerca de duzentas edificações, e que o projeto contemplou a interligação de 52 prédios em ambiente de rede local ATM, com cabos ópticos que totalizaram cerca de 38 km.

Fez questão, ainda, de afirmar que a Cosipa teve um papel preponderante na vida da Connect, aliás, o mesmo que uma das empresas mais importantes e inovadoras do mundo teve com a Go2next, a segunda empresa criada por Paulo, alguns anos depois: que a escolheu, dentre milhares de outras pretendentes, para atuar em parceria na América Latina. "Coisas dos deuses? Dos anjos? Sabe-se lá...", disse certa vez Paulo Henrique numa das entrevistas que me concedeu.

Mas entrevista curiosa mesmo aconteceu em 1996, aqui em São Paulo, quando o seu interlocutor foi nada mais nada menos que Jô Soares, falecido em agosto de 2022, na capital paulista, aos 84 anos. Além de apresentador de televisão, Jô era também escritor, dramaturgo, diretor teatral, ator e músico.

Paulo com Jô Soares e Bira, ao fundo.

Na ocasião, Paulo Henrique fazia uma palestra, na verdade um tutorial, já mencionado aqui, no Centro Cultural Rebouças, sobre a tecnologia ATM. No mesmo local, havia um evento paralelo patrocinado e organizado pela IBM, tratando do mesmo tema, com vários de seus clientes e executivos da área de informática. A empresa havia contratado o Jô Soares, que, na época, fazia o programa "Jô Soares Onze e Meia", no Sistema Brasileiro de Televisão (SBT).

Naquele local, foi montado um estúdio semelhante ao do apresentador na TV, inclusive com cenário, palco e a tradicional banda que sempre brilhava um pouco mais com as gostosas risadas do Bira e as performances criativas do saxofonista Derico.

O Congresso da IBM transcorria quando Jô Soares convidou três daqueles executivos, entre eles o nosso biografado, para subirem ao palco e baterem um papo com ele.

Por estar visivelmente nervoso, Paulo Henrique foi aconselhado pelo seu sócio Murilo Serrano, que o acompanhava no evento, a tomar uma dose de Whisky para acalmar os ânimos.

Nas curvas da vida

E foi o que aconteceu. Sentindo-se um pouco mais confortável, aproveitou a oportunidade e lá fez o seu merchandising, dizendo que a sua empresa, Connect Systems, havia feito uma parceria recente com a IBM no quesito ATM.

Aproveitando o gancho, o entrevistador perguntou como se sentia em trabalhar com a IBM, e Paulo Henrique respondeu, prontamente, que era como a história do elefante e a formiguinha, que ele deveria conhecer. Aliás, é difícil quem não a conheça.

Entretanto, Jô Soares, para colocar um pouco de pimenta na conversa disse, sarcasticamente, que não conhecia e pediu a ele, já com um sorrisinho maroto nos lábios, para contar. Aí, foram só risadas da plateia, onde seus pais, Mário e Nina, também estavam presentes.

Meio desconcertado, Paulo Henrique tentou dar outra conotação à história, quando Jô, percebendo um certo desassossego de seu entrevistado, também entrou na conversa para ajudá-lo. Em pouco tempo, deu um final feliz para a história com seu jeito criativo, inteligente e muito bem-humorado.

Outro fator determinante para o crescimento da Connect Systems foi a implantação da telefonia móvel celular no Brasil. A década de 1990 foi fundamental para o desenvolvimento das telecomunicações no país, com a privatização do Sistema Telebrás durante o governo do presidente Fernando Henrique Cardoso e a criação, em 1997, da Agência Nacional de Telecomunicações (Anatel) com o objetivo de regularizar o setor.

Por sorte, a Connect tinha como cliente o Banco Safra, que na época era sócio da BCP Telecomunicações, que depois tornou-se a Claro Telecom Participações S.A. Não foi nada difícil iniciar os trabalhos com a BCP e logo em seguida prestar serviços a outras operadoras de telefonia celular que estavam iniciando suas operações no Brasil, como a Americel S.A., cujo foco era a região Centro-Oeste do país. Já a BCP tinha abrangência em São Paulo e no Nordeste, quando a Connect se viu obrigada a abrir um escritório em Recife para atender à demanda nordestina.

DE REPENTE, NOVA DERROTA

A cidade de São Paulo ganhou, em 1995, o World Trade Center São Paulo (WTC-SP), um complexo empresarial multiúso, construído em uma área de cerca de duzentos mil metros quadrados, com hotel, *business club*, shopping center, dezenas de salas comerciais, espaços integrados e complementares.

Mas, como tamanho não é documento, lá foi o Paulo Henrique Pichini com a sua Connect participar das licitações.

O que ele não sabia é que algumas empresas, como foi o caso da WTC, davam um baile em seus fornecedores de serviços com propostas inovadoras e mirabolantes. A organização apresentou, naquela época, o chamado leilão reverso, o oposto do tradicional, que arrematava bem ou serviço de menor preço e requeria muita habilidade, principalmente na parte financeira, para quem tivesse a ousadia de participar.

Paulo Henrique nunca se esqueceu disso, em consequência das agruras pelas quais passou.

Não se intimidando com nada, sua equipe fez o projeto que consistia na implementação de dados, voz, conexões, enfim, investiu pesado na pré-venda e arquitetou toda a estrutura do trabalho, durante cerca de quatro a cinco meses, e, na hora do "vamos ver", surgiu uma atitude inolvidável do pretenso cliente. Segundo o que me foi relatado, o prestador do serviço, no caso a Connect, teria que pagar uma importância relativamente alta para a empresa poder explorar o seu ambiente, que constava, hipoteticamente, de 500 salas de escritório, 250 quartos de hotel e algumas dezenas de salas de shopping center, por exemplo. Diante de tudo isso Paulo refletiu: "vou pagar um dinheirão para colocar toda a minha infraestrutura num período longo de cinco anos para explorar tudo isso, recebendo, é claro, um outro X pelo trabalho executado, mas... e se a coisa não der certo". Por sorte, ele perdeu a concorrência, mas não se atormentou com o resultado.

"Foi até bom perder", disse, resignado.

MUDANÇA DE ENDEREÇO PARA "DAR PINTA" DE GRANDE

A Connect foi pegando assim outros serviços importantes e começava a se firmar cada vez mais como uma empresa sóbria, ousada, que projetava infraestrutura para levar tecnologia aonde não havia.

Como os negócios começaram a evoluir, Pichini resolveu dar uma cara nova à empresa, alavancar seu status, mudar seu endereço, "dar pinta" de grande e torná-la respeitada no mercado da informática. No final de 1993, já formado na FDTE (Fundação para o Desenvolvimento Tecnológico da Engenharia da Escola Politécnica da USP), levou a Connect para a concorrida avenida Berrini, também situada na zona sul de São Paulo, no local mais sofisticado do meio empresarial paulista na ocasião. Alugou uma sala, na verdade meio andar de um prédio na famosa avenida, com frente para a rua Geraldo Flausino Gomes. Anos depois, por volta de 1998, já com setenta funcionários, alugou um andar inteiro em outro prédio na mesma região da avenida Berrini. A mudança foi feita no sistema mutirão, num fim de semana, com a participação de quase toda a equipe de funcionários.

Não demorou muito, Paulo Henrique e Murilo Serrano desenvolveram um superproduto, que foi um marco importante para toda a empresa e sua equipe, uma inovação verdadeiramente surpreendente.

A ideia surgiu quando a Embratel contratou a Connect para desenvolver um serviço especializado, uma solução capaz de amenizar suas dores de cabeça com clientes que compravam seus links de comunicação e sofriam algum tipo de pane ou queda de linha. Para desenvolver esse trabalho, os dois compraram as ferramentas da fabricante norte-americana Computer Associates, que mais tarde viria a fazer uma proposta de compra da Connect.

De posse desses dispositivos, idealizaram uma solução inédita que novamente mexeu com os negócios da informática: a Rede de Alta Produtividade (RAP), conhecida por "Aquário", ou Centro de

Inteligência de Rede. Tratava-se de um trabalho conjunto de monitoramento 24 horas por dia, durante sete dias da semana, com cerca de dez a quinze técnicos que se revezavam em dez computadores diferentes instalados somente para essa finalidade. Quando um link caía ou qualquer outro defeito surgia, era imediatamente detectado e mostrado num dos painéis em vermelho piscante na grande sala da RAP. Desse modo, a Embratel era imediatamente alertada para ir em socorro daquela pane. A estratégia deu tão certo que despertou o interesse de grandes empresas, inclusive pela aquisição da Connect.

MAIS UM DESAFIO: COMO VENDER UMA EMPRESA

Depois de levar a Connect Systems a seu ponto máximo, com um bom faturamento e um portfólio invejável de clientes, a empresa começou a incomodar o mercado e a ser flertada por interessados em sua aquisição. E assim, aquela empresinha que nasceu na rua Canário em 1992 e se mudou para a portentosa Berrini, quanto estaria valendo agora?

Paulo Henrique começou a analisar a possibilidade de novos caminhos em sua vida: vender ou permitir que ela fosse absorvida por outra grande empresa. O interesse de organizações na compra da Connect Systems teve início em 1999, logo após a implantação da RAP, com nomes relevantes do mundo empresarial: a gigante americana American Telephone and Telegraph Corporation (AT&T), uma das maiores operadoras do mundo; a espanhola de telecomunicações Telefonica S.A; a Computer Associates, do tamanho de uma Microsoft; e, por fim, a Wang Global, que depois virou Getronics, outra grande corporação holandesa.

Esse foi o primeiro grande susto do Paulo Henrique Pichini. O que significaria vender uma empresa, relativamente pequena, com nomes tão poderosos mostrando interesse? Aí surgiu mais um daqueles insights em seu espírito desafiador. Chamou o sócio Murilo Serrano e disse-lhe para tocar os negócios, que ele "sumiria" por alguns dias a fim de atender um potencial cliente, interessado na compra da Connect. Ledo engano. Foi procurar uma consultoria especializada nesse tipo de negociação e por alguns dias foi conversando e aprendendo a fazer o *business plan*.

A primeira proposta foi justamente da Computer Associates, a multinacional fabricante de softwares, sediada em Nova York, nos Estados Unidos, com filial aqui no Brasil.

No início de 2000, Paulo Henrique e Murilo Serrano rumaram então para Nova York, na companhia de Vincenzo Dragoni, CEO da Computer Associates no Brasil, que foi o grande entusiasta da negociação. A caminho, este lhes disse que a sua empresa acabara de comprar uma congênere americana, a Zim Softwares, por cerca US$ 4 bilhões. Sabe-se lá qual foi a jogada do executivo americano ao fazer uma citação dessas num momento tão delicado como esse. Na cabeça dos dois brasileiros, era de se prever um encontro entre o leão e a formiga e, pelas tratativas iniciais, parecia que sim, pois os gringos ofereceram somente um US$ 1 milhão pela Connect, principalmente porque não estavam interessados na parte de infraestrutura e cabeamento da empresa brasileira.

Devidamente instruído pela consultoria, Paulo Henrique emanou um ar de superioridade, deu um pequeno sorriso de desprezo na elegante e charmosa sala e disse, apenas, "muito obrigado" ao seu interlocutor. Chamou seu sócio e caminhou rumo à porta de saída.

Essa atitude deixou perplexos o representante da multinacional e o próprio Murilo Serrano, que até então desconhecia esse novo perfil de seu velho companheiro de estrada.

Embasado nas instruções de sua consultoria, Paulo Henrique logo percebeu que estavam querendo enganá-lo, pois a Connect Systems valia muito mais que isso. Era bem gerenciada, não tinha dívidas nem passivos trabalhistas e ainda havia outras empresas interessadas em comprá-la. Seu comportamento intuitivo, sério e arrogante naquele momento não deixou dúvidas de que não estavam ali para serem ludibriados.

Pouco tempo depois, a Computer Associates elevou a sua oferta para a compra da Connect, mas na ocasião o pensamento dos dois já estava voltado a outra organização interessada, a multinacional holandesa Wang, que há alguns meses já havia feito contato com eles. Na verdade, tinha até mandado seus consultores para realização da *due diligence*, ou diligência prévia, que consiste numa profunda análise jurídica, financeira e contábil para uma possível transação. O que deixou a dupla bastante animada é que a Wang sabia da negociação que estava ocorrendo em Nova York, mas deixou bem claro o seu interesse pela compra da Connect. Sugeriu então aos dois executivos brasileiros que passassem em seu escritório em Miami caso a venda não fosse efetivada. Nessa época, em 2000, a Wang, que fabricava e fazia manutenção de terminais de autoatendimento de bancos, havia comprado, no Brasil, a área de serviços da Olivetti, que além de máquinas de escrever também fabricava esses terminais.

Paulo Henrique e Murilo Serrano foram então a Miami encontrar-se com Michael Kerr, presidente da Wang Global para a América Latina, para formalização de uma proposta.

Entretanto, o mundo corporativo é mesmo de uma dinâmica incomensurável, pois, no momento dessas negociações, outra gigante do mercado, a multinacional holandesa Getronics, com subsidiárias em mais de vinte países, tinha acabado de comprar a Wang e, assim, as transações entre a Connect Systems e a Wang Global passariam a ser comandadas pela Getronics.

Em julho daquele ano, os dois executivos foram até Boston, em Massachusetts, nos Estados Unidos, e de lá partiram para uma cidadezinha chamada Billerica, onde Michael Kerr os esperava para a assinatura do contrato de compra e venda.

Tudo parecia belo e formoso até a assinatura da famosa "carta de intenções" de compra e venda da empresa. A proposta já estava pronta para ser degustada, mas o tempero, em inglês, parecia ser meio indigesto a princípio. Murilo Serrano, que foi um baluarte no departamento jurídico da Connect, graças ao conhecimento que tinha nessa área quando trabalhou na imobiliária do pai, foi quem deu as explicações. Segundo ele, a proposta teve que ser muito bem examinada e esmiuçada, em razão de certos dispositivos contratuais, em inglês, que dificultavam o entendimento jurídico. Temia as possíveis ameaças das famosas "pegadinhas", sempre presentes nessas circunstâncias.

"A atenção era redobrada, porque a subjetividade das palavras num contrato em português já tem duplo sentido, imagine em inglês", acrescentou.

"Eu combinava com o Paulo. Você presta atenção na cara e na expressão do sujeito e eu presto atenção no inglês", complementou, sorrindo, o Murilo.

É claro que essas nuances poderiam dar falso ou duplo sentido no processo das negociações, mas ele próprio reconhece que, apesar do desgaste emocional e constrangimento em certos detalhes, foi um aprendizado jurídico internacional muito importante para todos os envolvidos.

CAPÍTULO IV

GETRONICS: UM INÍCIO DIFÍCIL

A Connect Systems foi vendida por um preço justo, além de um gigantesco acréscimo por atingimento de metas. O contrato de transição, na verdade, ocorreu por meio de uma interação entre as duas empresas — já que a Getronics absorveu todo o corpo diretivo da Connect e seus funcionários — e foi assinado com vigência até julho de 2002, quando os pagamentos seriam totalmente efetuados.

As negociações duraram quase três meses, em razão, principalmente, da fusão entre as duas empresas. E o mais desconcertante de tudo foi o descuido que os sócios da Connect cometeram por não realizarem a *due diligence*, ou seja, o processo de investigação de informações da Getronics. Mas aí já era tarde, tiveram que absorver e resolver todos os problemas apresentados pela compradora, que não foram poucos. Além disso, o time de colaboradores ficou muito dividido, com alguns oriundos da Olivetti, outros da Connect e, também, da própria multinacional holandesa.

Foi um abacaxi duro de ser descascado, mas que merece ser explicado.

A Getronics adquiriu empresas fortes no mercado de caixas eletrônicos, como a Wang, que já havia comprado a Olivetti. Com a incorporação da Connect Systems, a multinacional acabou desistindo de trabalhar com caixas eletrônicos no Brasil. Vendeu esse setor, em todos os países em que operava, para a Procomp, sua principal concorrente, que foi absorvida depois pela gigante Diebold Nixdorf Brasil, empresa de automação empresarial que continua muito forte no país.

Não foi por outro motivo que a Getronics manifestou todo interesse em comprar um integrador de serviços, no caso a Connect Systems, para entrar pra valer nesse mercado.

A sede da empresa no Brasil era em São Paulo e tinha escritórios regionais no Rio de Janeiro, Brasília, Salvador, Recife, Belo Horizonte, Porto Alegre, Fortaleza e Curitiba, fornecendo serviços de tecnologia da informação para cerca de trezentas corporações. Na América Latina, tinha escritórios na Argentina, Chile, Colômbia, Paraguai, Uruguai e México.

Com a incorporação dos duzentos trabalhadores da Connect Systems, a Getronics acabou ficando com cerca de oitocentos funcionários, sob a égide do presidente da empresa no Brasil, Walter Aoki.

Era uma organização antiquada, a começar pela sede, em São Paulo, que funcionava na antiga fábrica da Olivetti, na rua Laguna, Chácara Santo Antônio, na zona sul da capital paulista. Paulo Henrique não se conformava quando chegava na empresa e se deparava com vagas no estacionamento para a diretoria. Dizia: "Isso é coisa antiga, dos meus tempos de Banco Real".

Essa incorporação, a princípio, representou um trauma em sua vida, porque ele foi obrigado a exercitar uma atividade que até então nunca tinha praticado: a política nos negócios.

O presidente Walter Aoki, que veio da Olivetti e estava há mais de trinta anos no grupo, sabia que com a fusão chegariam dois diretores de fora e por isso armou logo o seu quadro. Criou uma bancada composta por cinco diretores: Miguel Iannaco, financeiro; José Luís Marques, RH; Egimar Migliati, Business Solution; Ana Cristina, Managed Services; e o italiano Ernesto Giachino, diretor comercial, que, segundo Paulo Henrique, andava de charuto apagado no canto da boca, expressando bem uma fisionomia de mafioso.

Do outro lado da bancada diretiva ficavam Paulo Henrique, que assumiu a diretoria de tecnologia e rede (Networking and Technology), respondendo diretamente ao presidente Aoki e ao seu principal aliado e ex-sócio Murilo Serrano, responsável pela diretoria de serviços (Managed Services) que fazia a implementação de soluções, instalações e suporte de rede. Confessa ele nunca ter pensado nessa discrepância de cinco a dois, mas o grupo estava formado e teria que ir em frente.

À primeira vista, Paulo ficou chocado com aquele ambiente negligente e avesso a qualquer contribuição à nova administração. Notou coisas nefastas acontecendo, principalmente em relação à Connect Systems, que acabava levando a culpa por prejuízos encontrados na multinacional.

Paulo Henrique esclareceu que a sua equipe tinha uma meta numérica nos dois primeiros anos de fusão, em função do contrato de compra e venda, e isso tinha que ser cumprido. Do contrário, a segunda parcela que tinham direito de receber ficaria comprometida. Desse montante, estavam previstos um desconto de possíveis ações trabalhistas de ex-funcionários da Connect e um provável descumprimento de resultados previsto no contrato. Era aí que o bicho pegava, pois a Getronics, que andava mal das pernas, com um descontrole financeiro muito grande, não estava ajudando em nada os novos parceiros.

Um exemplo tácito do descontrole financeiro da multinacional foi dado pelo diretor de serviços Murilo Serrano.

Segundo ele, tinha contrato de prestação de serviços que previa uma receita de R$ 7 milhões, em três anos, e as despesas nesse mesmo período chegavam a quase R$ 12 milhões.

"Esse quadro foi detectado apenas num centro de atendimento (*help desk*) composto por vinte pessoas que cuidavam dos usuários", disse.

Embora reconhecesse a grandeza da matriz da Getronics na Holanda, com muito desenvolvimento de sistemas, principalmente na Europa, Serrano argumentou que no Brasil a coisa era bem diferente, onde havia muitos contratos extrabancos que davam um tremendo prejuízo.

Celetista que era, saiu da Getronics em meados de 2006, com um bom acordo nas mãos e todas as cláusulas contratuais respeitadas.

Murilo deu uma respirada na vida, organizou viagens com a esposa Luciana e as filhas Victória e Valentina e resolveu investir algum dinheiro em algo diferente da tecnologia. Comprou um posto de gasolina em sociedade com o amigo Evandro Redó (Bozó), como mencionamos anteriormente, sem ter tido a premissa de pesquisar as nuances de um setor tão enigmático como esse. Então se deu mal, tomou um tremendo prejuízo e seguiu sua intuição de voltar a fazer o que mais conhecia e gostava: tecnologia.

UMA VENDA FANTASMA

No primeiro ano de Getronics, aconteceu um caso inusitado na vida de Paulo Henrique Pichini, que lhe tirou muitas noites de sono.

Um de seus vendedores, Arquimedes dos Santos (nome fictício) fez um pedido em Brasília, sua área de atuação, de cerca de R$ 2 milhões em equipamentos para o Programa das Nações Unidas para o Desenvolvimento (PNUD), — órgão que recebe dinheiro do Banco Mundial para projetos especiais desenvolvidos no Brasil.

Todo mundo ficou feliz com a notícia, já que não se cogitava nada até então, e este era um pedido substancial para fechar o ano.

O equipamento foi comprado da Cisco Systems, e Paulo Henrique resolveu ligar ao adquirente PNUD para avisar sobre a entrega dos equipamentos.

"Bom dia, aqui é o Paulo Henrique da Getronics, só estou avisando sobre a entrega do pedido de vocês, OK?"

"Espera..., mas entregar o quê?", disse o interlocutor.

"Bem, tem aqui um pedido de vocês para ser entregue", insistiu Paulo.

"Que pedido?", indagou novamente.

"Como assim, não tem esse pedido?"

"Meu senhor, o PNUD não faz pedido formal, só via Banco Mundial", concluiu.

Depois de falar com o interlocutor, Paulo Henrique chamou o gerente comercial, Walter Cesar da Silva, para ir até a capital federal e checar o que estava acontecendo.

O funcionário foi até lá, acabou ficando na casa do vendedor, e voltou dizendo que o pedido era quente, que estava tudo normal.

Sabe-se lá do que se municiou esse vendedor para ter tantos argumentos. O fato é que a pretensa compradora continuava a negar tal pedido.

Diante disso, traçou um novo esquema. Mandou para Brasília o chefe do Walter, Flavio Paiva, que ficou lá por dois ou três dias, e voltou fazendo o mesmo discurso: estava tudo normal e seria bom comprar os equipamentos, entregá-los e fazer a fatura.

Paulo Henrique procurou o dirigente máximo do PNUD e falou que estava com o pedido em mãos, mas com dificuldades de entregar os equipamentos.

Diante da insistência, a pessoa pediu-lhe que enviasse o pedido por fax para uma averiguação, informando a necessidade de uma conversa pessoal em Brasília, já que a petição era uma fraude.

Paulo Henrique quase caiu da cadeira, porque os equipamentos já tinham sido comprados pela Getronics para posterior entrega. Mas foi até lá, conversou com a direção do PNUD e certificou-se da inexistência do tal pedido. Realmente foi uma fraude.

Ninguém imaginava quais seriam as intenções do vendedor, que até então se comportava muito bem na empresa e era um comunicador de primeira linha. Depois descobriu-se que, na verdade, era um larápio que tinha dois nomes e dois RGs e que sumiu de Brasília logo após a descoberta da falcatrua.

Paulo Henrique ficou numa situação de penúria, pois passava na sua cabeça um turbilhão de coisas nefastas, pelo simples fato de ser um diretor novo do grupo. Poderiam achar que ele estava forjando um pedido para enlevar o seu nome ou mesmo para ganhar algum dinheiro extra, e por aí afora.

Foi ao encontro de Michael Kerr, presidente da multinacional para a América Latina, com o objetivo tácito de provar sua honestidade, e tomou uma decisão voluntariosa e corajosa: garantiu a ele que venderia todos os equipamentos, transformando o estoque em dinheiro, ainda mais em fim de ano, para fechar o balanço.

E foi o que aconteceu. Imbuído de sua expertise, vendeu tudo picado, dez para um interessado, dez para outro, cinco para outro, e assim o barco começou a navegar novamente.

Só ficou uma pergunta no ar. Por que aquela tramoia? Tentativa de roubo de carga? Foi, talvez, uma das hipóteses aventadas...

QUER SABER? VOU CAIR FORA

Passado mais de um ano naquela situação conflitante, Paulo Henrique, que tinha um contrato de dois anos, não estava aguentando mais e queria sair dali, disposto inclusive a pagar a multa contratual pelo cancelamento do negócio.

Mas depois de refletir bastante resolveu dar uma guinada mais para o alto e chamar Michael Kerr, a fim de expor a ele os graves problemas que estavam acontecendo. Se não fossem resolvidos, estava decidido a não ficar mais na empresa.

Kerr, que era o chefe de Walter Aoki, veio dos Estados Unidos depois de alguns meses e, após reunião com seus subordinados, incluindo Murilo Serrano, disse que iria resolver o problema. Tirou Aoki da presidência e o promoveu para um posto na América Latina. Meses depois, ele se aposentou. Para o lugar da presidência, criou um colegiado formado pelos diretores Paulo Henrique, Murilo Serrano, Egimar Migliati, Miguel Iannaco e Ana Cristina.

"Aí é que bagunçou de vez" relatou Paulo Henrique, acrescentando que a coisa virou um "Big Brother" para ver quem assumiria, de fato, a presidência.

Depois de seis meses nessa balbúrdia, ele resolveu dar a sua última cartada, convidando David Goulden, chefe do Michael Kerr, que também morava nos Estados Unidos, para vir ao Brasil e resolver esse problema.

Só que ele usou uma estratégia diferente para convidar o chefe do chefe a vir até o Brasil. Primeiro sugeriu que ele fizesse uma palestra no congresso da Telexpo, que, em conjunto com a feira, formavam o maior evento da área de tecnologia da informação e comunicação do Brasil. E quem ajudou Paulo nessa tarefa foi sua ex-esposa Ana Paula, que era gestora da Advanstar, empresa americana que comprou a Telexpo e as revistas *RNT* e *Telepress* do jornalista Ethevaldo Siqueira. Ana sugeriu aos organizadores do congresso da Telexpo o nome do americano para ser o *keynote speaker*, ou seja, o conferencista principal do evento.

Mas quem manda, manda... e David Goulden avisou que viria ao Brasil, porém solicitou ao Paulo Henrique que escrevesse a sua palestra. E, dando uma de bonzinho, sugeriu o nome de alguém que poderia ajudá-lo, só que esse alguém morava na Inglaterra. Lá foi o Paulo Henrique viajar duas vezes para Londres com a missão de montar a palestra do chefe. O dinheiro corre solto nessas multinacionais.

Chegado o grande dia, ele foi buscar o americano no aeroporto e lhe contou toda a história, enfatizando o seu desejo de sair da empresa, caso os conflitos não fossem solucionados.

David Goulden era uma pessoa culta, afável, embora a sua palestra tenha sido considerada um fiasco dentro dos nossos padrões tupiniquins. Ele simplesmente leu o texto, não apresentou nenhum slide, nenhum gráfico, e o ambiente ficou para lá de monótono.

"Quando eu dou palestra eu mesmo é que monto e mostro todas essas nuances", observou Paulo Henrique, arrematando com um sorriso carregado de humildade:

"Eu era peão, ele não".

Antes de embarcar, Goulden prometeu que resolveria o problema e falaria com o Michael Kerr e o CEO mundial da Getronics, Peter van Voorst, para resolver, definitivamente, o problema da empresa que lhe foi relatado.

PRESIDENTE DA GETRONICS NO BRASIL

Não demorou muito tempo, questão de dias, David Goulden ligou para o Paulo Henrique e foi direto ao assunto:

"Queremos você para assumir a presidência da Getronics no Brasil. Você topa?", perguntou Goulden.

"Eu topo. Mas me dê uns dias, por favor", respondeu Pichini.

É claro que ele não teria outra resposta, mesmo porque era esse o seu objetivo, mas de repente se viu naquele ambiente dividido e meio perverso, e isso o assustava um pouco.

A amigos disse que pediu alguns dias, não para fazer charme ou coisa que o valha, mas porque ficou muito assustado com o peso de assumir a presidência de uma multinacional no Brasil, principalmente naquelas circunstâncias.

Acabou dando o sim, mesmo antes do prazo previsto.

O CEO mundial, Peter van Voorst, veio da Holanda diretamente para o Brasil com a finalidade única de nomear Paulo Henrique ao cargo de presidente da Getronics do Brasil.

Em abril de 2002, Paulo tomou posse como o novo diretor-geral da empresa no país, sob a tutela de Emilio Yoldi, vice-presidente para a América Latina.

Paulo Henrique anunciou, na oportunidade, que sua meta era fazer com que 65% do faturamento da multinacional no país fossem provenientes de serviços e 35% de venda de equipamentos.

Parecia que a névoa que pairava sobre o ambiente iria se dissipar e o barco voltaria a navegar. Navegou... mas ainda em águas turbulentas.

A alternativa que restava a Paulo e Murilo Serrano era arrumar a casa, trabalhar muito, refazer acordos e revisar contratos mal-administrados, que davam prejuízos à multinacional.

Quando assumiu a presidência da Getronics, Paulo Henrique demorou um pouco para impor suas metas e o seu *modus operandi* em razão da dificuldade para unir um time tão heterogêneo. Havia um conflito muito grande de visões, mas com o tempo foi conseguindo impor a sua forma de operar: dispensou cerca de sessenta funcionários, impôs meta de três anos para a empresa e priorizou a venda de serviços em sua gestão.

A Getronics tinha uma área de softwares e outra de redes, mas parecia até duas empresas concorrentes entre si, tal a discrepância de critérios na condução delas.

Com o seu time nas mãos, foi mais fácil resolver os problemas, que, aos poucos, iam aparecendo.

"Chama o Waldir", dizia.

Quando surgia o ignominioso imbróglio, ou "pepino para ser descascado", ele recorria a seu fiel escudeiro dos tempos de Connect,

Waldir Gregorut, gerente de área no setor de administração e finanças. Com ele as coisas se resolviam.

Gregorut afirmou que a Getronics estava com um desacerto muito sério na área operacional, no quesito *price*, onde havia muitas propostas, mas o pessoal, sem garra e com pouca vontade, deixava de atender.

Na parte de logística havia muitos produtos obsoletos, contratos de manutenção não cumpridos e muitas reclamações de clientes. Tudo estava difícil, mas com o tempo as coisas foram se acertando, até que o Paulo Henrique deu ao Waldir outra missão nada fácil: organizar a vida de cerca de quinhentos funcionários da Getronics que prestavam seus serviços como pessoas jurídicas, afiliados a outra grande instituição.

"Fiquei três noites sem dormir, mas resolvi o problema", conta Paulo, sempre jocoso ao lembrar-se daquele começo difícil na multinacional.

SUBINDO OS DEGRAUS

Dilemas à parte, o fato é que Paulo Henrique desempenhou o seu papel com tal afinco na área de tecnologia que seus superiores começaram a ver naquela criatura um perfil ideal para funções ainda mais relevantes.

Em dado momento, seu novo chefe, Emilio Yoldi, vice-presidente da empresa na América Latina, chamou-o para uma conversa em seu escritório em Madri, na Espanha, e lhe fez a seguinte pergunta: "Em que lugar do mundo você quer fazer um bom curso compacto na área de finanças".

Yoldi, um sujeito voltado estritamente para a área financeira, quis persuadir Paulo Henrique a se especializar também no setor de finanças, na verdade, a fim de prepará-lo para substituí-lo na vice-presidência da Getronics na América Latina. Com isso, ele passaria a responder diretamente ao CEO mundial, Klaas Wagenaar, cujo escritório ficava em Amsterdã, na Holanda.

Com toda essa confiança e vendo-se de volta ao mundo acadêmico, Paulo Henrique nem titubeou em responder que gostaria de fazer esse curso em Harvard, nos Estados Unidos. Afinal, em toda a sua vida, sempre procurou as melhores instituições de ensino, e Harvard, obviamente, estava nesse contexto, por ser considerada uma das escolas mais conceituadas do planeta. E, também, uma das mais caras, já que esse curso custaria aos cofres da Getronics cerca de US$ 50 mil.

A partir daí, vieram as exigências, a começar pelo *application form*, ou formulário de aplicação, em que teve que se submeter a um rigoroso teste de inglês, comum a todos os candidatos naquela instituição de ensino.

Devidamente aprovado, Pichini embarcou para os Estados Unidos e, ao chegar em Harvard, ficou deslumbrado com todo aquele cenário, a começar pelo campus. Era uma visão cinematográfica, muito bem cuidado e planejado, contrastando com tudo que havia visto no Brasil, com qualquer logradouro, por mais esmerado que fosse.

O curso na Harvard Business School, nesse ano de 2006, chamava-se Finance for CEOs and Presidents e era ministrado para presidentes e CEOs de vários países do mundo, com duração de quatro meses, sob a bandeira da austeridade. Os executivos entravam às 8h da manhã, saíam às 11h30 para o almoço, retornavam às 12h30 e saíam às 16h30 para o jantar, programado às 17 horas. Não havia descanso, porém, mais responsabilidade, como a de ir à biblioteca fazer os trabalhos solicitados pelo curso. Depois disso os alunos iam dormir no próprio alojamento do campus universitário.

Ficar nessa frequência por quarenta dias não é tarefa das mais fáceis, principalmente para um executivo que tem dentro de si aquele espírito "off-road" de agitação e desassossego. Mas Paulo não custou a descobrir uma maneira de suavizar aquela rotina.

No fundo do alojamento havia duas quadras de squash, um esporte que ele sempre praticou no Brasil, perto de sua casa, na região do Morumbi, em São Paulo. Simpático, boa prosa e fazedor de amigos, conheceu um paquistanês que também sabia jogar squash e lá iam os dois, matando o jantar, para poder se divertir um pouco. Só que o prazeroso entretenimento era, na verdade, uma faca de dois gumes, porque depois tinham que recuperar o tempo perdido na biblioteca, onde seus colegas estavam quase terminando as tarefas. Muitas vezes nem compensava a distração, porque, diariamente, eles tinham que preparar material para o dia seguinte. O curso era rigoroso, mas foi uma experiência muito importante na vida daqueles vinte executivos de altíssimo nível, que eram presidentes e CEOs de empresas de grande porte. Começou ali um relacionamento entre eles que perduraria por muitos anos.

Apesar de seu antecessor Walter Aoki ter se submetido a Michael Kerr, em Billerica, nos Estados Unidos, Paulo Henrique passou a responder a Emilio Yoldi, em Madri. Depois disso, mais um cálice de sorte caiu nas mãos do jovem executivo brasileiro, já que, em nova promoção, passou a se reportar, diretamente, ao funcionário mais importante da Getronics no continente americano, Kevin Roche, responsável pelas Américas do Norte, do Sul e Central e membro do *board* mundial da multinacional. Foi Emilio Yoldi que também preparou Paulo Henrique para responder ao *board* da Getronics.

Pelas mãos de Kevin Roche, Paulo Henrique foi promovido à presidência da Getronics na América Latina: CEO Latam mais CEO Brasil.

Passado algum tempo, a Getronics outorgou-lhe uma nova promoção, que, na verdade, não estava em seus planos: ser o novo vice-presidente de unidades externas, que envolviam Brasil, América Latina e alianças, com a função de fazer parcerias com instituições estrangeiras de vários países do mundo para que comprassem os produtos da multinacional. Seria uma espécie de gestor dessas alianças. A Getronics, contudo, colocou uma condição *sine qua non* para ele exercer o novo cargo: fixar residência na Holanda, Alemanha ou Bélgica, por razões estritamente estratégicas.

A oferta parecia ser irrecusável, mas Paulo Henrique impôs também a sua condição: exerceria a alta função morando aqui mesmo no Brasil, não se importando com o número de viagens que teria que fazer ao exterior.

Os holandeses, obviamente, não aceitaram a proposta e o establishment começou a balançar.

Mas muita água ainda iria rolar por baixo dessa ponte. No início de 2007, em plena crise financeira mundial, originada nos Estados Unidos, e que também bateu forte no Brasil, a KPN[26], maior fornecedora de serviços de telecomunicações da Holanda e uma das maiores do mundo, com um faturamento de cerca de € 15 bilhões por ano, comprou a Getronics.

Em 2008, a Getronics/KPN anunciou para o mercado nacional e internacional que iria vender as operações do Chile, Argentina, Brasil, México e Colômbia. Esse momento, que poderia ser um "boom" em sua vida, fechando com chave de ouro seu ciclo na empresa, acabou sendo um desastre.

"Foi um momento muito ruim da minha carreira na Getronics, talvez um dos piores", disse Paulo Henrique ao descrever os motivos dessa adversidade.

Quando o informaram sobre a venda de parte da empresa, ele foi obrigado a assinar um contrato de confidencialidade com o novo presidente mundial da Getronics, Erik van der Meijden, já que o negócio teria que transcorrer em absoluto sigilo, para não ventilar no mercado.

Paulo Henrique chegou a apresentar a empresa para várias outras organizações, inclusive para alguns concorrentes dela no Brasil, na Europa e nos Estados Unidos.

---

26 KPN – Koninklijke PTT Nederland – A título de observação, na Holanda é comum se usar a letra K por estar muito associada ao reinado daquele país: Koninkrijk Holland, ou Reino da Holanda. A maior empresa de aviação holandesa, por exemplo, também se chama KLM (Koninklijke Luchtvaart Maatschappij), que em português significa Companhia Real de Aviação.

Foi para Boston, sede da Getronics, no começo de 2009, e a expectativa era que a venda para o grupo eLandia ocorresse no máximo em seis meses.

"Tive uma reunião de negócios com o CEO da eLandia, Pete R. Pizarro, para discutir a fusão e a integração entre as duas multinacionais, e corria tudo bem até as vésperas da assinatura do contrato. Inesperadamente, um banco americano, responsável pela parte financeira do negócio, pediu o adiamento do processo de tramitação por razões internas de fraude", lembrou Paulo.

"Esse fato acabou assustando os holandeses, que resolveram desfazer as negociações", concluiu.

Os problemas, entretanto, não acabaram aí, e o caldo foi engrossando cada vez mais com o passar do tempo.

As pessoas do mundo dos negócios começaram a tomar conhecimento de que a Getronics estava à venda, e isso, obviamente, foi caracterizando uma latente desvalorização na sua comercialização. O executivo que cuidava dessa transição era justamente o cidadão que o substituiu no cargo de vice-presidente de unidades externas da Getronics, cargo que havia rejeitado: o alemão Andreas Ziegenhain aceitou a nova função e fixou, como exigia a empresa, residência em Amsterdã, na Holanda.

De repente, começou a história do "vende, não vende", até que Andreas resolveu vir ao Brasil para tratar do assunto *in loco*, um encontro, aliás, dos mais bizarros possíveis. Assim que chegou, ligou para o Paulo Henrique e, alegando compromissos, disse que precisava voltar no mesmo dia para a Holanda, e por isso a reunião teria que ser realizada no próprio aeroporto de Guarulhos.

Numa cidade como São Paulo, com um trânsito descomunal, nada ocorreu na cabeça do Paulo Henrique senão ir correndo para o aeroporto, pois sabia que o Andreas já havia marcado o voo de volta naquele mesmo dia. Ele até se questionou sobre o tempo e o dinheiro que rolam nessas grandes empresas, pois o custo de uma passagem de primeira classe até a capital holandesa não saía por menos de dez mil dólares naquela época.

Nas curvas da vida

A reunião aconteceu e foi das piores possíveis. Quando Paulo Henrique mostrou a sua disposição em ajudar e até contratar alguém, Andreas falou que já havia contratado, por dois anos, a Angra, uma empresa de reestruturação para viabilizar melhor a venda das operações da Getronics. Entretanto, soube-se depois que essa organização ficou somente seis meses cuidando do caso e, sem explicações convincentes, saiu da jogada.

Paulo Henrique ficou arrasado quando o executivo falou dessa contratação, num visível desrespeito à sua atuação no negócio.

"Fiquei chocado, porque sempre fui muito correto e transparente com as pessoas. Caí fora", argumentou.

A Getronics acabou colocando em seu lugar André Rizzi, um gestor que assumiu o cargo com mais oito consultores. Mesmo assim, Paulo não mediu esforços para ajudar o seu substituto, em todas as diretrizes e as circunstâncias do cargo.

Pouco antes de deixar a Getronics, inaugurou em Alphaville, na Grande São Paulo, o Getronics Virtual Center, unidade preparada para prestar serviços de tecnologia da informação aos 110 clientes da empresa.

A sede de Alphaville contava com trezentos profissionais — de um total de novecentos funcionários — e reunia todas as áreas de serviços da empresa.

Em entrevista dada ao jornal *Estadão* no caderno "Empresas de Tecnologia & Comunicações", publicada em 26 de agosto de 2010, Paulo Henrique previa um crescimento de 25% na receita; e para o próximo, em 2011, a expectativa de crescimento era de 35%, já contando com maior atividade do centro de dados de Alphaville.

Apesar de todos esses problemas inerentes ao cargo, sua gestão foi inquestionável, porque fez da Getronics um dos principais integradores de soluções de TI e telecomunicação do Brasil, além de conquistar grandes contratos nos setores financeiro, de transportes e telecom.

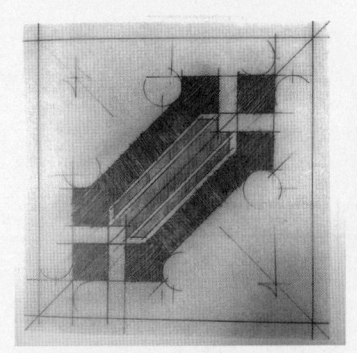

Criação do logo Connect SI – 1992.

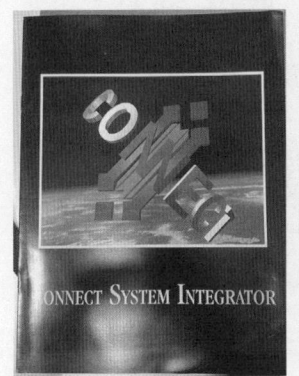

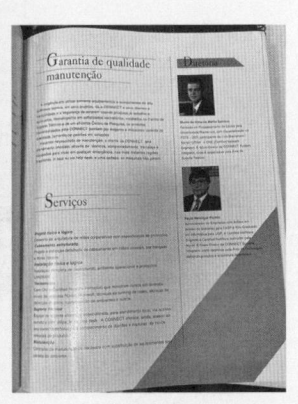

Folder Connect.   Página do Folder.   Os sócios.

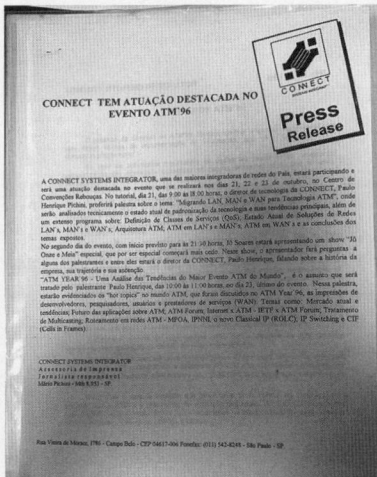

Presença marcante na mídia.

Nas curvas da vida

Paulo e Murilo, movidos a festas e celebrações

Novo logo, em 1995.

Prêmio de consagração em 1999.

CAPÍTULO V

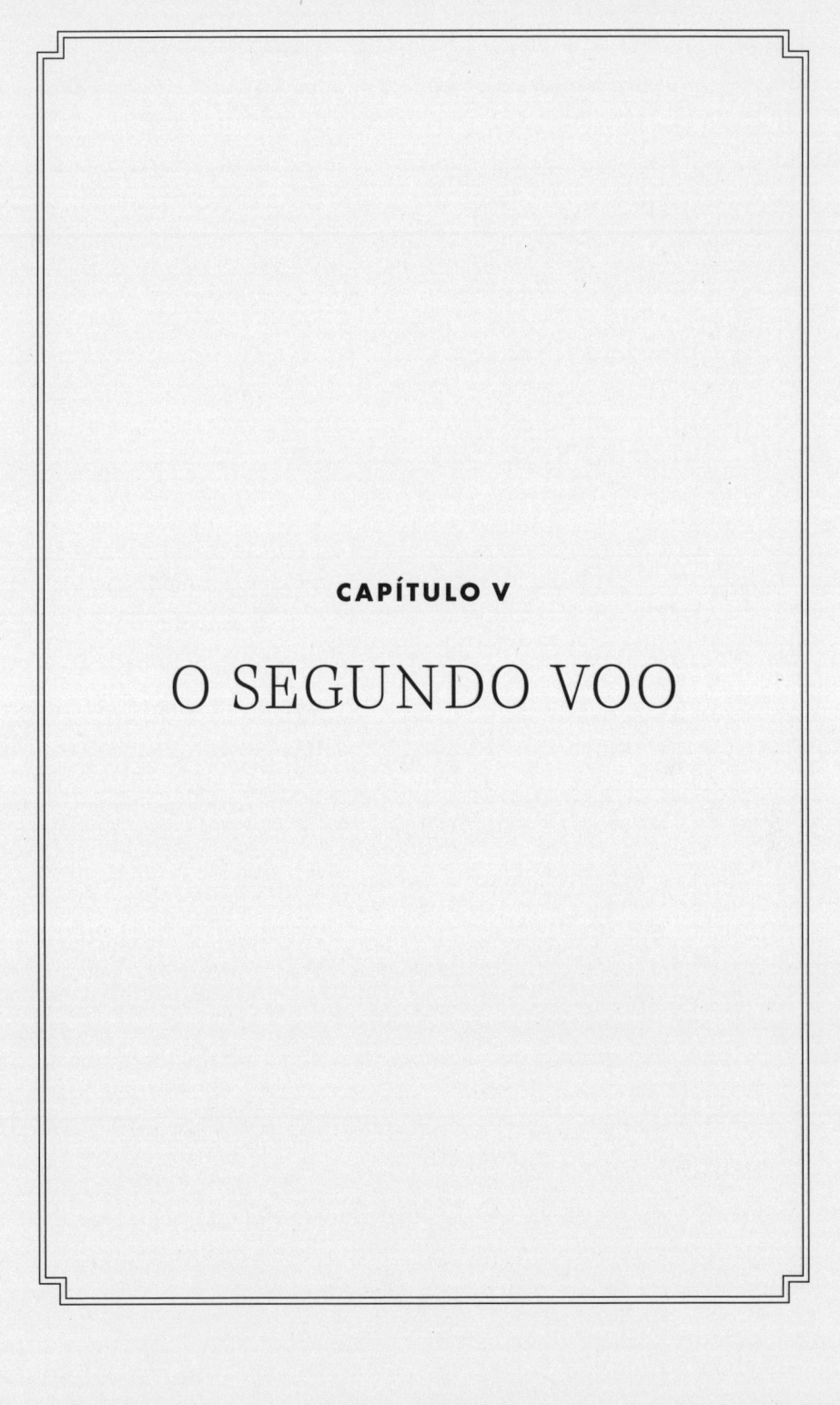

O SEGUNDO VOO

Paulo Henrique resolveu aproveitar bastante o intervalo entre a sua saída da Getronics/KPN até a montagem de uma nova empresa com o amigo Murilo Serrano. A primeira semana foi um ócio total, quietude que não fazia parte de sua vida desde dezembro de 1980, quando entrou no Banco Real e nunca mais parou. Passou a andar pelas ruas, praças e avenidas, ia a bancos, shoppings e cinemas, andava de metrô e começou a curtir mais os amigos. Mandou e-mails para as pessoas que conhecia, comunicando a sua saída e agradecendo o tempo em que estiveram juntos em alguma atividade profissional. O retorno dessas mensagens o pegou de surpresa, pois nunca esperava manifestações de apoio tão eloquentes e carinhosas como as que recebeu. Foi um momento marcante em sua vida. Muitos queriam ajudá-lo oferecendo trabalho, como as empresas Hewlett-Packard (HP) e IBM, ou dando dicas para a formação de uma eventual companhia num futuro próximo. Um desses mentores disse uma frase que marcou muito sua vida: "A carreira da gente tem valor quando seu nome vale mais do que o cargo que ocupa ou a empresa em que trabalha. O que importa não é o seu cartão, mas simplesmente você e as suas conquistas ao longo do tempo".

Paulo Henrique fez inúmeras amizades com pessoas de todos os tipos. Conta com satisfação o apreço com que era recebido no início da carreira por executivos da mais alta estirpe do mundo empresarial, como o primeiro vice-presidente executivo do Bradesco, Laércio Albino Cezar, que se aposentou aos 65 anos; e depois com o seu sucessor Aurélio Conrado Boni. Ele lembra que o volume de negócios com o Bradesco era muito pequeno, mas isso nunca interferiu ou impediu a realização de um encontro ou uma audiência com esses executivos. Era só enviar uma mensagem com o propósito de marcar uma reunião que sempre era bem recebido. Gostava desses encontros porque conversava muito sobre o mercado, principalmente de tecnologia da informação. Seus interlocutores eram "experts" nesse assunto e a sua estratégia era falar pouco e ouvir muito, para aprender mais.

Outra pessoa nesse mesmo patamar que entrou no rol de seus amigos foi seu colega holandês Bas Burger, vice-presidente executivo da Getronics, um aficionado por futebol. Paulo Henrique conta que, por ocasião de uma das Copas do Mundo, mandou fazer várias camisetas com logo e características semelhantes às dos jogadores da seleção brasileira, mas com o nome do destinatário na parte de trás da camisa onde, comumente, é destacada a designação do atleta. Numa dessas camisas estava lá o nome "Bas Burger". O executivo não se conteve de tanta felicidade ao receber aquele mimo. Burger é atualmente CEO e presidente mundial da British Telecom.

A SEGUNDA EMPRESA — GO2NEXT

Nessa época, prestes a deixar a Getronics, Paulo Henrique estava noivo e acabou se casando, no dia 28 de maio de 2010, com Larissa Verticchio, arquiteta, com escritório próprio em Santo André, onde vivia com os pais Odail, falecido em 2009, e Silvia.

Larissa conta que conheceu Paulo quando foi passar alguns dias em Juqueí, no litoral norte paulista, na casa de praia do amigo Murilo Serrano, ex-sócio dele na Connect Systems, por ocasião do feriado de Nossa Senhora Aparecida, no dia 12 de outubro. Dois dias depois, em 2007, começaram a namorar.

Paulo Henrique, solteiro, pois havia se separado de sua primeira mulher, Ana, há alguns anos, foi visitar o amigo naquele feriado e nunca pensou que, a partir dali, começaria um novo caminho em sua vida, principalmente com o nascimento de seus dois filhos, Paulo Henrique e Rafael.

Larissa deu uma desacelerada na profissão, deixando de participar de escritórios de arquitetura e empregos fixos, em virtude da tresloucada rotina do namorado. Começou a colocar ordem em sua vida doméstica e a acompanhá-lo em muitas de suas viagens, a maioria de caráter profissional.

No ano seguinte, em 2008, comemoraram o primeiro aniversário de namoro no Marrocos, na África, onde Paulo Henrique foi fazer seus treinos e testes para realizar um sonho que alimentava a sua mente há mais de uma década: participar do Rally Dakar.

"O Paulo faz mil coisas ao mesmo tempo, o que é admirável, mas coloca todo mundo que está à sua volta para fazer outras mil", diz Larissa sorrindo, que classifica o marido como uma pessoa muito amorosa, tanto com ela como com os filhos, mas também muito exigente.

No campo profissional, obviamente, ela o admira, mas reconhece o novo mundo em que entrou. Diz que sempre lê os artigos do Paulo, mas dada a complexidade dos textos... aí solta mais uma de suas criatividades:

"Aquilo para mim não passa de uma sopa de letrinhas", ironizou. Disse, contudo, que o marido sempre lhe dá algumas aulas sobre esses temas e as coisas ficam um pouco mais fáceis de serem compreendidas.

Larissa nunca parou no tempo e foi sempre ligada às artes e à arquitetura. Assim que concluiu a 8ª série, cursou desenho e arquitetura na Escola Técnica Estadual (ETE, hoje Etec) Júlio de Mesquita, em Santo André, uma instituição técnico-profissionalizante. Em seguida, fez arquitetura na Universidade São Judas Tadeu, na Mooca, zona leste da capital paulista, complementando com o curso de pós-graduação *lato sensu* em Design. Mais tarde, finalizou a pós-graduação *stricto sensu* (mestrado) em Arte Urbana – Grafite[27].

Antes de conhecer Paulo Henrique, trabalhava como autônoma, colaborando com vários escritórios de arquitetura de Santo André, e deu uma desacelerada quando ficou grávida de seu primeiro filho, Paulinho, em 2012. Menos trabalho, mais estudos. Voltou a estudar

---

27 *Stricto sensu* é uma expressão latina que significa, literalmente, "em sentido específico", mais ligado à interpretação acadêmica tradicional, ou seja, é um mestrado ou doutorado focado em pesquisa e produção científica. Já o *lato sensu* designa programas de pós-graduação que ampliam o que foi aprendido na graduação, mas sem um vínculo acadêmico tão forte.

artes plásticas na Escola Panamericana e só parou, por um tempo, quando nasceu seu segundo filho, Rafael.

Em 2021, depois de passar num exame seletivo e ter seu trabalho aceito pela banca examinadora, voltou a fazer mestrado em arquitetura e urbanismo na mesma instituição, na área de arte urbana.

"Sempre fui muito ligada às questões urbanas e das artes. Dessa vez eu consegui colar uma coisa na outra", destacou Larissa.

Sobre os filhos, ela enaltece a presença do pai: "Paulo é extremamente presente e preocupado, principalmente com a saúde e a segurança deles. Faz questão de ser muito ativo fisicamente, andando de bicicleta, remando, andando de barco, jogando futebol, sempre explicando aos filhos a importância desse lado da vida".

Disse ainda que não tem a metade do pique de Paulo, que vive cutucando as crianças para jogar bola, andar de skate, aprender a surfar, nadar etc., e ainda os leva para fazer aulas de surfe e kart.

"O Paulinho é mais reservado e mais ligado em dispositivos da tecnologia, como celular, computador, televisão, tablet e videogame", observa a mãe.

Entretanto, Larissa impõe limites: "Não ponho nunca uma televisão no quarto deles, e celular, nem pensar. Eles ainda não têm e, por mim, não vão ter tão cedo."

Num curto bate-papo que tive com as crianças em sua casa no Morumbi, Paulinho me disse que é bom de bola e natação e que gosta muito de ir ao cinema com o pai e à casa da praia.

Já Rafael é mais agitado e está jogando muito bem o pingue-pongue de mesa. "Meu pai foi campeão de pingue-pongue", disse-me com todo orgulho em sua casa.

Rafael adora jogar futebol, muito embora não se considere um craque. De carro não gosta muito, mas enaltece o pai: "O que acho mais legal nele é que é piloto e gosto muito quando ele vai correr".

Em 3 de dezembro de 2010, assim que deixou a Getronics, Paulo Henrique se viu obrigado a ficar um ano de molho, cumprindo as determinações do contrato que acabara de assinar. Não poderia trabalhar em empresa concorrente nem montar uma organização do mesmo segmento no período de um ano. Aproximou-se ainda mais do amigo e ex-sócio Murilo Serrano, com o intuito de montarem alguma coisa juntos, mas de forma diferente, sem seguir a mesmice das prestadoras de serviços desse setor.

Os dois viajaram para os Estados Unidos e para a Europa à procura de novidades, visitaram várias feiras corporativas de rede, até que uma luz se acendeu no fim do túnel: estava bombando nos States a tecnologia de *cloud computing*, ou computação em nuvem[28].

O ambiente em nuvem passou a ser mais um espaço digital para a gestão do diretor de tecnologia, por exemplo, no qual a opção dos serviços passaria a ser definida sob demanda.

Assim que voltaram ao Brasil, naquele final de 2011, Paulo Henrique e Murilo Serrano resolveram colocar em prática todo o conhecimento absorvido com as viagens ao exterior.

Afeito a diferenciações, Paulo Henrique queria algo grande, uma organização forte, competitiva e imantada no que havia de mais novo no mercado da tecnologia. Sua ideia era beliscar, logo de cara, uma Oi, uma Vivo, um Banco Safra e por aí afora. Afinal, tinha sido presidente de uma multinacional e conhecimento era o que não lhe faltava.

Por incrível que pareça, a economia estava "bombando" no país em 2010, crescendo uma média de 7,5% e dando sinais de que o Brasil tinha encontrado um novo caminho para o desenvolvimento acelerado. Só que não foi bem assim, porque depois caiu para 2,7% em 2011, e 0,9% já em 2012.

---

[28] A computação em nuvem é o fornecimento de serviços de computação-servidores, armazenamento, bancos de dados, rede, software, análise e muito mais – pela internet ("a nuvem"). As empresas que oferecem esses serviços de computação são denominadas provedoras de nuvem e costumam cobrar pelos serviços de computação em nuvem com base no uso, da mesma forma que o usuário é cobrado pela conta de água ou luz em casa (Microsoft Azure).

Apesar de resoluto em sua nova caminhada e sempre cercado por pessoas influentes, Paulo Henrique foi aconselhado a procurar uma empresa de *mentoring* para executivos, ocasião em que conheceu o chinês Robert Wong, que trabalhava com executivos *top* e cobrava muito dinheiro pelos seus serviços.

O curso era composto por dez sessões, com duração de uma hora cada uma no valor de US$ 2.500.

Embora tivesse condições financeiras para isso, achou um despropósito, já que não era nenhum imaturo nessa área e nunca foi de esbanjar dinheiro sem um propósito convincente. É claro que tinha lá suas fraquezas...

A conversa com o chinês foi muito produtiva, principalmente para ele, que ouviu do professor, sempre solícito, o seguinte: "Você não precisa se submeter a nenhum aconselhamento, porque sua diretriz já está formada e lhe desejo muito sucesso em sua nova empreitada. Parabéns! Quero que tenha muito sucesso em sua vida".

Aliviado com a conversa e dicas do "terapeuta empresarial", Paulo Henrique seguiu seu caminho, acompanhado sempre de Murilo Serrano, que já tinha saído há cerca de cinco anos da Getronics.

Em homenagem à grande afinidade que desenvolveram na Connect Systems, pensaram em batizar a nova empresa com um nome similar, sempre com sete dígitos, um talismã da dupla vencedora. Surgiu então Connext, que dá ideia de próximo e de avante, mas ficaram impossibilitados porque esse nome já tinha sido cotado por outra instituição. Como o conceito da empresa escolhido pela dupla era estar sempre à frente, Paulo Henrique sugeriu Go2next, ou seja, "vamos para o próximo", "mais um passo adiante".

Nascia, assim, naquele novembro de 2011, uma nova empresa no setor de tecnologia da informação, sob um manto de experiência de mais de trinta anos de seus principais responsáveis, ao lado de uma equipe igualmente reconhecida nos mercados locais e globais.

O primeiro executivo a ser contratado pela Go2next foi Waldir Gregorut, que havia pedido demissão da Getronics em julho de 2011 e, casualmente, um mês depois, encontrou-se com o Paulo Henrique, que estava prestes a abrir a sua empresa. Convidado, ele aceitou e assumiu, de cara, a área de administração, contábil e financeira.

Vinicius de Simoni foi o segundo executivo contratado pela recém-criada Go2next, que contava com apenas seis ou sete funcionários.

Fiel ao seu perfil ousado, Paulo Henrique dizia na época que a Go2next surgia com foco em *cloud computing*, mas não fechava os olhos para o mercado tradicional. Entretanto, precisava de estratégias para vencer aquele momento difícil de uma empresa nova, com um cadastro nacional de pessoa jurídica (CNPJ) igualmente novo, sem lastro e sem credibilidade. Tinha que agir rápido. E agiu...

A ideia inicial era se juntar ou comprar alguma empresa em operação, e uma delas foi justamente a Cynet, dos empresários Ricardo Otero Garcia e Marcos Rogério dos Santos, ambos com uma vida em comum com Paulo Henrique Pichini, (detalhes em "Um time da pesada", mais adiante).

Paulo Henrique não teve muita dificuldade em convencer os dois empresários a se integrarem num novo sistema que lhes daria muito mais retorno e futuro. A equação era simples. Em vez de ter uma empresa com faturamento anual de R$ 1 milhão, seria melhor ter participação entre 10% e 20% em outra, com expectativa de faturamento futuro de R$ 50 milhões, como era o caso da Go2next. Foi baseado nesse modelo que saiu o negócio. Paulo apresentou um planejamento de trabalho e de estruturação de dois a cinco anos, em que Ricardo e Marcos, ao aceitarem os termos do acordo, ficariam com uma participação societária na Go2next.

Aí veio a outra bela jogada de Paulo Henrique. O contrato foi feito no contexto de dois anúncios, estrategicamente elaborados para surfar na mídia. O primeiro, lançado no mercado, sobre a criação da Go2next; e o segundo, algum tempo depois, falando da aquisição da Cynet. A estratégia deu tão certo que virou capa de revista.

Edição Especial da *CRN Brasil*: Anunciando a Inovação do Futuro com o Lançamento da Go2next.

Não há dúvida de que o principal interesse da mídia em entrevistá-lo foi devido à sua nova metodologia de trabalho.

"Eu queria mesmo sair da mesmice, jamais montaria uma organização para concorrer com quem está consolidado. A proposta da Go2next era transformar o legado das empresas levando-as para a nuvem", afirmou Paulo Henrique na matéria assinada pela jornalista Haline Mayra, na edição de novembro de 2011 da revista CRN Brasil, publicada pelo grupo IT Media.

Questionado pela repórter sobre a importância da compra da Cynet, ele disse que, além dos contratos que a empresa trazia consigo, havia também a presença em outras cidades como Curitiba, Paraná, Recife, Pernambuco, interior de São Paulo e Rio de Janeiro.

"A outra coisa é que a equipe da Cynet tem um estilo de implementação de infraestrutura inteligente que agrega à nossa solução", acrescentou.

Ainda naquela edição, Paulo Henrique já previa para 2012 uma receita de cerca de R$ 25 a 26 milhões, com 30 a 35 clientes.

MAIS SÓCIOS? DEVAGAR...

A Go2next mal começou a engatinhar e os primeiros "papais" já começaram a aparecer e a paparicar a criança. Queriam investir e fazê-la crescer. A primeira "tranche" de investimento foi feita por dois advogados, Marcos Pagliaro e Bruno Fagundes Vianna, sócios de um grande escritório de direito tributário em São Paulo e que chegaram a prestar serviços à Getronics, quando Paulo Henrique era presidente daquela organização. A dupla entrou com cerca de 22% de capital na época, depois de se inteirar de todo o plano de negócios e estruturação da empresa.

Reuniões e reuniões se sucediam e o interessante disso tudo foi a avaliação da Go2next desferida pelo Paulo Henrique, que relatou:

"Como se tratava de uma instituição nova e com uma estratégia inovadora, afinal a *cloud computing* acabara de se iniciar no país, os clientes e investidores nos avaliavam baseados nos profissionais, na estratégia e na experiência acumulada na Connect e Getronics. Foi quando fiz ver a todos que o que mais valia na empresa, naquele momento, era a sua estratégia e expectativa, ou seja, a conquista de visibilidade."

Acrescentou a isso o prodigioso "*pipeline* em vendas", desferido na base de clientes em que a empresa pretendia atuar.

Nessa época, com apenas um ano de vida, a Go2next já vislumbrava clientes como Embratel, Banco Safra, Fleury e outras grandes corporações do mercado brasileiro.

É claro que alguns desses grandes não passavam nem por perto de um possível fechamento de contrato com eles, mas a perspectiva era muito grande e, por tudo isso, a empresa já podia ter uma avaliação mais substanciosa.

Na segunda onda de investimentos, surgiram alguns ex-concorrentes da Connect Systems, que já tinham vendido suas empresas ou estavam aposentados. Paulo Henrique, cauteloso, deu um "chega pra lá", para evitar uma possível descapitalização de seu grupo. Só aceitaria novos investidores se alguém saísse da parte societária.

Dois anos depois, isso acabou acontecendo, quando Marcos Pagliaro e Bruno Fagundes resolveram sair, o que abriu espaço a outros pretendentes. Ao renunciarem aos 22%, entrou o grupo KB-7, com 26% das ações, ficando com quase 9% para cada um dos três sócios: Rubens do Amaral, Valdir Bignardi e Flávio Rossini. O trio almejava 30% para ter direito a voto, mas Paulo Henrique concordou em lhes conceder 26% sem direito a voto.

O TEMPO E A NUVEM — *CLOUD COMPUTING*

Como vimos, as soluções em nuvem começaram a ser utilizadas nos Estados Unidos, onde o mercado americano chamou de *cloud angel*, o anjo que nas nuvens te leva para aquele mundo novo.

Aqui no Brasil, a Go2next foi uma das primeiras empresas do setor que criou metodologias para ajudar o mercado corporativo a usar mais a nuvem, o chamado *cloud computing*.

Foi um perfil primoroso para a época, porque as empresas tinham receio da tal "computação em nuvem", e não foi fácil demovê-las desse conceito. O primeiro passo foi frear ansiedades e inseguranças dos clientes; e o segundo, fazê-los crer na aplicação de um projeto de migração para a nuvem que produziria ótimos resultados. Afinal, a arquitetura desenhada na empresa estava respaldada numa experiência de TI de mais de 27 anos e que começou nos idos de 2011. O time era aguerrido e de muita confiabilidade no mercado.

Meses depois da criação da Go2next, concluía-se, em abril de 2012, a primeira parceria estratégica com uma grande empresa, a Siemens Enterprise Communications, para colocação de seus serviços em nuvem. O vice-presidente de marketing e soluções dessa organização para a América Latina, José Furst, fez o seguinte comentário por ocasião desse acordo:

"Com essa parceria, estamos inaugurando uma nova fase em nossa estratégia de *cloud computing*. Estamos seguros de que a nossa tecnologia Open Scape se encaixa perfeitamente na solução completa de computação em nuvem oferecida pela Go2next".

Paulo Henrique enalteceu o alinhamento de visão entre a Go2next e a Siemens, afirmando que:

"Os dois times veem a oferta de uma solução completa de computação em nuvem como algo que alavanca os processos e os negócios das empresas usuárias, e não como mera substituição do ambiente de voz tradicional e da infraestrutura de ICT".

Na nuvem era tudo muito rápido. A Go2next acabou virando um facilitador das empresas, apontando dezenas de motivos para outras organizações aderirem ao novo dispositivo. Só que ela priorizou esse serviço no chamado complexo híbrido[29], ou seja, prestar um trabalho diferenciado e inovador a um custo bem menor. Evidente que nesse período surgiram outras empresas de serviços em nuvem dentro dos mais variados segmentos de aplicação. Mas, no caso da Go2next, parte do seu trabalho concorria com a atividade das grandes operadoras, e isso, obviamente, seduzia a clientela.

A discrepância entre uma gigante do setor e uma empresa de menor porte, como a Go2next, estava justamente no complexo híbrido, que os tecnólogos chamam de agnóstico. Uma parte do serviço pode usar os serviços de nuvem da Amazon (AWS), por exemplo, que é a melhor em determinado segmento, nas demais partes a da IBM e, também, da Microsoft, dentro do mesmo perfil do que tem de

---

29 A nuvem híbrida é um ambiente de computação que combina nuvens públicas e privadas, permitindo que os dados e os aplicativos sejam compartilhados entre elas. A nuvem pública é definida como uma série de serviços de computação oferecidos por terceiros à internet pública, os quais são disponibilizados a qualquer pessoa que queira utilizá-los ou comprá-los. Já a nuvem privada refere-se aos serviços de computação em nuvem oferecidos pela internet ou por uma rede interna privada somente a usuários selecionados, e não ao público geral.

melhor nessas organizações. Com isso, a empresa minimiza custos, aprimora a execução e engrandece o seu trabalho.

"A Go2next não é um provedor de nuvem, o que fazemos é o meio-campo disso, ou seja, levar o cliente para a nuvem", explica Marcos Santos, diretor de infraestrutura da empresa, responsável atualmente pela implementação de mais de quinhentos projetos de cabeamento estruturado e infraestrutura.

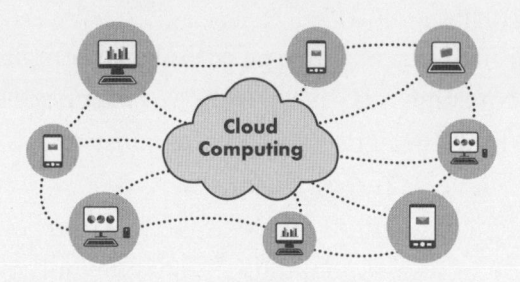

A Era do Cloud Computing – Go2next levando seus clientes para o armazenamento em nuvem.

A nuvem está em lugares reservados que poucos conhecem e guarda todas as informações possíveis. Ela nada mais é que um imenso computador que processa uma área de armazenamento gigante e um grande disco que grava tudo.

Para Flávio Rossini, um dos sócios da Go2next, a computação em nuvem provocou a terceira onda no mercado da Tecnologia da Informação e Comunicações (TIC). A primeira, segundo ele, ocorreu no início dos anos 1990, com o propósito de modernizar os ambientes de grandes empresas privadas e do governo; e a segunda foi justamente após as privatizações das operadoras de telecomunicações.

Hoje, entretanto, a nuvem, apesar de seu papel agregador, já está virando uma commodity, uma vez que é vendida em larga escala e qualquer um pode comprar o seu espaço em nuvem.

Para fechar esta seção do capítulo, sintetizo aqui, citando um pequeno trecho de um artigo de Paulo Henrique, publicado no final do ano de 2019, que mostra a relevância do *cloud computing*, a começar pelo título "A nuvem é a fundação de todo o universo digital". Diz o artigo:

A verdade é que em 2027 talvez nem falemos mais em nuvem — ela será uma infraestrutura tão onipresente e essencial como a terra, como o ar que respiramos. A nuvem será o *habitat* natural e seguro de todo tipo de aplicação, das mais complexas soluções corporativas, governamentais e militares ao mais recente game de realidade virtual. A crise econômica e política que o Brasil tem vivido nos últimos anos tem reforçado o foco do mercado em cloud — muitos são atraídos pelo custo *on demand* e pela flexibilidade deste modelo, plenamente capaz de crescer ou encolher de acordo com o ritmo dos negócios. Mas a computação em nuvem é muito mais que isso. Hoje e nos próximos dez anos, toda inovação tecnológica encontrará na nuvem seu habitat natural.

IOT — INTERNET DAS COISAS

Fica cada vez mais claro que o mundo da tecnologia da informação surpreende a todo instante, em razão da velocidade das inovações. Bill Gates desenvolveu o sistema operacional para os microcomputadores, Steve Jobs criou o seu sistema para dispositivos móveis, como os iPhone e iPads e nem por isso pararam no tempo.

Em 1999, um britânico de nome Kevin Ashton, nascido em Birmingham, em 1968, junta-se a essa nata envolvida com propostas inovadoras. Foi ele quem descobriu o caminho das pedras para uma nova complexidade de sensores no mundo físico, chamada "Internet das Coisas". É interessante conhecer como aconteceu essa descoberta. Ela ocorreu em 1997, no período em que era gerente assistente de marca da P&G (Procter & Gamble). Esse detalhe extraí de seu livro *A história secreta da criatividade*, da Editora Sextante. Em seus escritos, relata:

> Eu enfrentava dificuldade para manter determinada cor de batom da Procter & Gamble nas prateleiras das lojas, e em algum momento, metade dos estabelecimentos ficava sem

o produto no estoque. Depois de pesquisar muito, descobri que o motivo do problema era falta de informação, *e* o único modo de ver o que havia numa prateleira era ir e olhar. Os empregados das lojas não tinham tempo de observar as prateleiras e anotar aquilo que viam, de modo que o sistema de todas as lojas era cego. Os donos não ficavam sabendo que o estoque do batom estava esgotado, mas as compradoras, sim. Coloquei um microchip (de identificação através de radiofrequência) num batom e uma antena numa prateleira. Para ajudar os executivos da P&G a entenderem esse sistema de conectar objetos como batom, fraldas, detergente, batata frita ou qualquer outro à internet, dei a ele um nome curto e pouco gramatical: "Internet das Coisas" (Internet of Things — IoT, na sigla em inglês).

A genialidade de Kevin Ashton se manifestou de modo mais claro e vigoroso quando ele emigrou da Inglaterra para os Estados Unidos e começou a trabalhar com outros três pesquisadores no Instituto de Tecnologia de Massachusetts (MIT). Aí, naquele mesmo ano de 1999, fundaram um centro de pesquisas de nome Auto-ID Laboratory, hoje a principal rede global de pesquisa de laboratórios acadêmicos no campo da Internet das Coisas (IoT). Os laboratórios compreendem sete das mais renomadas universidades de pesquisa do mundo, localizadas em quatro continentes diferentes.

A expressão "Internet of Things" foi incluída no dicionário Oxford, em 2013.

Peripécias desse tipo estão longe de acontecer em outros lugares do mundo, principalmente no Brasil, onde a falta de recursos está latente em projetos de futuro. Pesquisas e feitos programados e, acima de tudo, dispendiosos, são vistos por aqui, no meio empresarial, como uma ficção, são desacreditados e irrealizáveis. Os visionários tupiniquins sofrem não só com a falta de investimento no setor, como também com a descrença no seu *modus operandi*.

De acordo com Paulo Henrique, o número de fabricantes de equipamentos para redes e telecom vem diminuindo drasticamente, pois o movimento das grandes marcas tem sido comprar empresas de menor porte, em sua grande maioria especializadas em nichos técnicos específicos de mercado, de forma a oferecer soluções fim a fim aos clientes.

"Para se ter uma ideia, nas décadas de 1980 e 1990, a Cisco Systems, gigante da tecnologia, contava com cerca de dez concorrentes. Atualmente, se tiver dois ou três, mesmo assim em determinados nichos, é muito. Além disso, os grandes fabricantes reduziram os investimentos em hardware e aumentaram, consideravelmente, em software. Isso porque o software é replicável. Os novos roteadores hoje são todos baseados em software dentro de servidores e firewall no ambiente em nuvem", observou.

Atualmente, a Cisco Systems atua como uma espécie de guru na fabricação de produtos de tecnologia.

Paulo Henrique foi um dos primeiros a operar esse filão de mercado, em que a conexão extrapola os métodos convencionais. Dentro do escopo da Internet das Coisas (IoT), encontram-se *smartphones*, geladeiras, automóveis, cafeteiras, tratores, chuveiros, equipamentos de ar-condicionado, máquinas de chão de fábrica, enfim, tudo que é palpável nesse mundo físico. A imaginação da internet das coisas é muito rica e próspera. Falava-se, por exemplo, no âmbito da imaginação, em deixar a lista do supermercado como tarefa da sua geladeira, a hipótese de o seu televisor fazer o pedido da pizza no lugar do seu aparelho telefônico, uma ambulância que reúne todas as informações do paciente antes mesmo de chegar ao hospital, um relógio que conectado à rede de um wi-fi possa medir o batimento cardíaco do portador, sua pressão etc., e enviar esses resultados para um conjunto de médicos. Ou até mesmo um censor que toca na pele do indivíduo e identifica o grau de sua glicose.

Um surpreendente caso foi revelado por uma revista de tecnologia da informação, em que um cidadão inventou um diminuto dispositivo chamado "nanoagulha", para ser usado em degustações de vinho. Esse dispositivo, super-resistente e mais fino que um fio de cabelo, perfura a tampa da garrafa, suga por gás o líquido e o coloca numa taça, deixando o recipiente intacto. Com isso, várias pessoas podem fazer a degustação de inúmeras marcas de vinho, sem interferir na embalagem e na qualidade do produto.

Recentemente, na Austrália, um grupo de pesquisadores implantou marcadores acústicos em mais de trezentos tubarões para monitorar seus movimentos e proteger surfistas de ataques fatais. O equipamento envia um sinal eletrônico para um computador sempre que constata a presença de um dos tubarões a 800 metros da praia.

Parece que se vive o "mundo dos sensores", o baluarte da Internet das Coisas. Há alguns anos, essas possibilidades poderiam representar um sonho distante, mas a evolução da tecnologia surpreende a cada dia que passa. Todo e qualquer exemplo que se divulga nessa área não demora muito para que se torne uma obsolescência na era digital.

Uma pesquisa da revista norte-americana *CompTia World* profetizou que, até o ano de 2020, 50 bilhões de dispositivos IoT estariam conectados e operando no mundo virtual. Nessa peneira, somente os melhores sobreviverão.

Paulo Henrique vê com certo ceticismo esses prognósticos exuberantes sobre a Internet das Coisas. Ele reconhece as conquistas, os avanços e as novas plataformas nesse setor, mas o mercado da IoT, em sua opinião, ainda não virou negócio propriamente dito. Para ele, há cerca de 10 bilhões de dispositivos de Internet das Coisas operando em todo o mundo e, no Brasil, o número ainda não atingiu 10% da expectativa que o mercado gerou há dois ou três anos.

Entretanto, surgiu uma esperança no ar no setor da tecnologia, em nosso país, quando o governo federal manifestou interesse em levar adiante estudos elaborados pelo Ministério da Ciência, Tecnologia, Inovações e Comunicações, para a implementação do Plano Nacional de Internet das Coisas no Brasil, que prevê, entre outras coisas, a desenvoltura e a melhoria na gestão de serviços públicos, na saúde, no agronegócio, na indústria e nas cidades além de contribuir para a melhora da qualidade de vida da população. Esse plano do governo foi lançado em 2 de outubro de 2017 no Futurecom[30], o mais importante evento de tecnologia da informação e comunicação da América Latina. Em 2019, o Plano Nacional de Internet das Coisas foi regulamentado por meio do decreto 9.854/19 do governo federal.

Não foi por outro motivo que Paulo Henrique impôs em sua plataforma de trabalho a alta tecnologia, não por ser chique ou conferir status, e sim para diminuir o número de concorrentes. Ele sustenta que trabalhar com instalação de roteadores e de equipamentos tradicionais, por exemplo, aumentaria muito a concorrência, podendo ir para mais de 1 milhão de empresas. Se, por outro lado, trabalhasse com instalação específica de antena de satélite, teria menos concorrentes, e, se trabalhasse com sensores IoT, esse número diminuiria ainda muito mais. Em 2015, somente cinco empresas no Brasil operavam com esse novo sistema.

AONDE VAMOS PARAR?

> *"O sucesso em criar a inteligência artificial pode ser o maior evento na história de nossa civilização. Ou o pior. Nós só não sabemos. Nós não podemos saber se seremos infinitamente ajudados ou até destruídos por ela."*
> STEPHEN HAWKING[31]

---

30 O Futurecom, edição de 2017, teve a participação de 22.000 visitantes de 45 países, 250 empresas, 4.000 congressistas e 400 palestrantes. Os eventos de 2018 e 2019 não ficaram atrás em nenhum dos itens mencionados. Em 2020, em razão da pandemia, o Futurecom, marcado para o final do mês de outubro, foi 100% digital.

31 Stephen Hawking foi um físico teórico e cosmólogo britânico, reconhecido internacionalmente por sua contribuição à ciência, sendo um dos mais renomados do século. Faleceu em março de 2018, aos 75 anos, vítima de esclerose lateral amiotrófica (uma doença degenerativa que enfraquece os músculos do corpo).

O universo da conectividade é incomensurável e repleto de terminologias, a partir do surgimento da era digital em meados do século XX.

Ficamos assustados quando na metade da década de 1990 um computador da IBM, o Deep Blue (azul profundo), venceu o russo Garry Kasparov, campeão mundial de xadrez. Entretanto, desafios inolvidáveis como esse diminuíram e até pararam de acontecer, mesmo porque o tempo é mais condescendente com o homem do que com a máquina.

As evoluções se sucedem, mas não acompanham a celeridade da transmissão de dados, hoje na velocidade da luz.

Depois do ATM, uma tecnologia de transmissão e comutação de informações, surgida no início da década de 1990, veio o dispositivo que encantou o mundo alguns anos depois, em 1994, o WWW (World Wide Web). Anos mais tarde surge a computação em nuvem e, logo em seguida, a Internet das Coisas, abrindo espaços para outras ferramentas, como o User Experience, a monetização de dados, a computação quântica[32], um desafio aos limites da tecnologia digital e o Big Data, mergulhado num oceano de informações.

Paulo Henrique lembra que, nos anos de 1994, 1995, ele já falava em palestras e escrevia artigos explicando como a tecnologia iria adentrar a casa das pessoas, já na fase do *triple play* (serviço que combina voz, dados e TV em um único canal de comunicação de banda larga).

"Tudo isso eu via, aprendia e entendia o que estava acontecendo pelo mundo. Então essa era uma máxima minha, para poder fazer e criar alguma diferença no mercado", argumentou.

Hoje, segundo ele, as coisas se tornaram muito mais fáceis com a disseminação da internet a partir do final da década de 1990.

---

32 O homem quer agora arranjar ferramentas para lidar com problemas do tamanho do universo, e o caminho passa pelos computadores quânticos. São eles que elevarão as velocidades de processamento a níveis surpreendentes. Gigantes como IBM, Intel, Google e Microsoft já começaram a disputar essa corrida maluca. Na lista dos afazeres quânticos estão coisas como reduzir o aquecimento global, criar materiais resistentes como supercondutores, reproduzir a fertilização biológica de solos e fazer uma inteligência artificial que aprenda a agir como humanos. Fonte: trecho extraído do site Tilt, canal de tecnologia do UOL.

USER EXPERIENCE — UX

A Experiência do Usuário, na visão de Paulo Henrique, é a quarta onda do mercado de TIC que, além de estar na moda, tem sido muito procurada por diversos setores e mercados verticais. O User Experience (UX), em sua opinião, é um conceito ou uma nova forma de se implementar e consumir tecnologia, oferecendo ao usuário um conjunto de serviços digitais, como acesso à internet de altíssima velocidade, áudio e vídeo de excelentes qualidades, telas de orientação etc., sem que ele necessite de um grande conhecimento técnico.

Esses serviços digitais é que compõem o conceito do User Experience.

Para potencializar esse parecer, vale uma observação de Amyris Fernandez[33], para quem o UX foi a disciplina do momento em 2019 e, na verdade, não é um conceito novo, mesmo porque a sua aplicação vem sendo utilizada há décadas, com outra denominação, desde quando os computadores passaram a fazer parte do dia a dia das pessoas, na década de 1980. Para a pesquisadora, o UX, hoje, no âmbito de negócios, diminui custos, aumenta a margem, gera menos desperdício em publicidade e aumenta a receita.

Paulo Henrique tem afirmado que a empresa que oferecer a melhor solução de User Experience vai ganhar o mercado. A tecnologia da informação, segundo ele, é parte dessa batalha, mas o grande propulsor da mudança é o usuário consumidor, que ele, criativamente, chama de "rei". "O UX é uma casa para onde sempre queremos voltar", complementa.

Um estudo recente da Forrester Research, empresa americana de pesquisa de mercado, aponta que uma interface com o usuário bem projetada pode elevar a taxa de conversão de um portal de e-commerce em até 200%. O mesmo estudo mostra que a excelente UX pode produzir taxas de até 400%.

---

33 Amyris Fernandez é coordenadora de User Experience, com 35 anos de experiência profissional e doutora em ciências da comunicação pela Universidade Metodista de São Bernardo do Campo, em São Paulo.

Outra prática que vem ganhando força em âmbito mundial e tem potencial de crescimento expressivo nos próximos anos é a monetização de dados.

Essa informação foi dada pelo próprio Paulo Henrique numa de suas entrevistas à mídia, dando como exemplo a pesquisa do Instituto Markets and Markets, apontando que esse mercado iria movimentar em torno de US$ 3,12 bilhões até 2023.

Aqui no Brasil, ele admite que há grandes espaços, tanto públicos como privados que incorporam sensores que permitem alimentar uma aplicação de monetização de dados, mas o mercado brasileiro, na sua opinião, ainda é imaturo na adoção e na prática desse conceito.

Diz ele que o que se faz por aqui é um mapa de calor, que no jargão da área se chama "acender" o ambiente, ou seja, sensores captam dados que, somados a pesquisas de *posts* publicados em redes sociais, permitem traçar o perfil das pessoas, conhecer seus hábitos de consumo, os locais que costumam frequentar etc.

Acrescenta que a monetização de dados não é exatamente uma novidade, mas passou a ser adotada com mais intensidade pelo corporativo, quando as condições para a captura e o armazenamento de grande volume de dados gerados no dia a dia são mais favoráveis. Dessa forma, a informação torna-se o principal insumo das empresas. Diz ainda que o cenário que se desenha em torno da monetização de dados é promissor também para provedores e integradores de soluções, especialmente porque começa a surgir a necessidade de auxiliar as organizações na implementação de projetos do gênero. Entretanto, ele assegura que o cenário, citando mais uma vez o Brasil, não parece muito salutar, pois teríamos que levar a digitalização de espaços ao máximo para atingir o nível de maturidade de outros países.

Acredita ele que não falta tecnologia para que essa tendência se concretize, mas talvez o problema consista em saber como utilizar todo esse aparato para capturar as informações.

Outro executivo do setor, Cláudio Pinheiro, cientista de dados sênior da IBM, identificou a monetização de dados como o "calcanhar de Aquiles", dada a falta de especialistas em análise de dados capazes de utilizar a grande massa de informações gerada como insumo para aumentar a receita das empresas. Ele alerta, contudo, que essa carência não é uma exclusividade brasileira, mas o mundo todo corre atrás desses profissionais.

SETOR DE SERVIÇOS — A BOLA DA VEZ

Ao longo dos anos, o setor de tecnologia vem crescendo no Brasil, mas o de serviços foi o que mais desenvolveu-se e o que tende a crescer mais ainda, segundo levantamento da empresa de inteligência de negócios Empresômetro. Seu diretor, Otávio Amaral, argumenta o óbvio: "À medida que a tecnologia aumenta, são criados novos postos de trabalhos e extintos aqueles que não fazem parte da nova realidade trazida por ela mesma".

Aliás, a série de descobertas e invenções já está ganhando um nome no mundo cibernético: *megatrends*, ou megatendências, em português. Fabiana Palumbo, cidadã brasileira, executiva da multinacional americana 3M, faz a seguinte observação a respeito: "Para a empresa antecipar-se às mudanças é uma questão de vida ou morte e manter no radar o que se conhece como *megatrends* é essencial." Para a executiva, esse quesito hoje é uma porta para o futuro.

Paulo Henrique não foge a essas premissas e creditou o sucesso de sua empresa justamente às inovações e aos projetos que sua equipe tem apresentado, com foco na computação em nuvem e, mais recentemente, na transformação da experiência do usuário.

Em outubro de 2019, aconteceu um evento na cidade de Cancún, no México, denominado Westcom Inspire, que foi mais uma quebra de paradigmas da computação em nuvem.

Para representá-lo, Paulo Henrique enviou ao evento, exclusivo para parceiros da Westcon-Comstor — e a Go2next era um deles —, seu recém-contratado gerente de desenvolvimento de negócios.

De acordo com esse funcionário, um dos principais temas tratados no encontro foram as mudanças na era digital, cujo debate abordou um elemento que, como quase tudo na informática, não é novo, mas já está sendo usado há algum tempo: o XaaS, que deriva da sigla em inglês *Evertything-as-a-Service*, que significa em português "Tudo como Serviço". A grande preocupação desse simpósio ficou por conta dos fabricantes e fornecedores de hardware e equipamentos, que estão percebendo o seu setor ser engolido pela avidez do software.

Paulo Henrique escreveu num de seus artigos que o acrônimo XaaS virou realidade no Brasil e no mundo e, em 2020, seu crescimento seria ainda muito maior.

"Foi-se o tempo em que pessoas e empresas precisavam adquirir um ativo para resolver seu desafio", afirmou.

Depois de enfatizar que o mercado brasileiro já usa, em parte, o *Software Defined Network* (SDN), acrescentou que esse novo modelo realmente tem causado mais um desafio para empresas fornecedoras de tecnologia, como a Cisco Systems, Palo Alto Networks ou Hewlett Packard Enterprise (HPE). Esta última, por exemplo, havia anunciado que até 2022 todo o seu portfólio só estaria disponível em formato de serviços.

Nos últimos trinta anos, o faturamento dessas empresas baseava-se em 80% hardware e 20% software. Mas agora o software, dando asas ao setor de serviços, provocou uma mudança respeitável de rumo e é ele quem começa a dar as cartas.

Proativo como é, Paulo Henrique começou a usar esse sistema em 2018, quando a Go2next completou sete anos, um número que ele considera muito especial. Um talismã, na sua concepção.

Como vinha se utilizando do User Experience, Internet das Coisas, transformação digital, soluções de áudio e vídeo, além de várias vertentes do XaaS, aproveitou a data para substituir a marca comercial Go2next Cloud Computing, Builder & Integrator, para Go2next Digital Innovation.

Para ficar mais fácil o entendimento desse paradigma, citou alguns exemplos praticados pela Go2next dentro desse escopo.

Relata ele que, numa das lojas de um de seus mais importantes clientes, foram colocados no chão alguns sensores que emitem frequência para quem tem deficiência auditiva, e a pessoa que usa um aparelho de audição, ao entrar no estabelecimento, até se assusta quando começa a ouvir perfeitamente.

É perceptível a expressão de felicidade do cliente, o que assegura conforto e alegria aos idealizadores da experiência.

Ainda cabe nesse contexto o *intelligent workspace* (espaço de trabalho inteligente), considerado uma das tecnologias mais disruptivas e inovadoras do mercado de TI.

Esses dispositivos foram implantados recentemente pela Go2next no escritório de uma das maiores empresas geradoras de energia eólica do mundo. Ali foi implantada uma combinação perfeita de arte, inteligência e inovação tecnológica.

Paulo Henrique afirmou que esse equipamento, além de promover a melhor UX, possibilita à empresa contar com soluções que mitigam as barreiras de distância, o que é fundamental para uma organização desse tipo, com operações em vários lugares do Brasil, inclusive em espaços rurais poucos digitalizados.

DESEMPREGO, O PARADOXO DA ERA DIGITAL

O futuro é completamente incerto no mundo digital, que não para de crescer. Um estudo da Universidade de Oxford revela que a ruptura tecnológica, ou disruptiva, como preferem alguns, já está acontecendo e vai se intensificar nos próximos dez ou vinte anos, atingindo, principalmente, mudanças no perfil do trabalho. Diz o estudo que a substituição de empregos por robôs e softwares nesse período abortará, aproximadamente, 47% dos postos de trabalho, e os mais atingidos serão as pessoas de baixa qualificação e baixa renda.

Um relatório da ONG britânica Oxford Committee for Famine Relief (Oxfam), que no bom português significa Comitê de Oxford para o Alívio da Fome, afirma que a desigualdade econômica está fora de controle diante do quadro faccioso apresentado em 2019, em que apenas 2.153 indivíduos detinham mais riqueza do que 4,6 bilhões de pessoas no mundo.

Isso ficou patente no Fórum Econômico Mundial[34], que acontece todos os anos em Davos, na Suíça, e sempre carrega em sua pauta a preocupação com o desemprego no mundo.

Debatendo sobre o futuro do trabalho com os mais variados pontos de vista das autoridades presentes, um deles, Allen Blue, cofundador e vice-presidente de gerenciamento de produtos do LinkedIn, fez o seguinte comentário:

"Alguns temem que os robôs destruam muitos empregos, enquanto os otimistas olham para um futuro de *workplaces* mais benevolentes, onde as habilidades humanas dominam e os trabalhadores são liberados das tarefas mundanas".

Vejam que mensagem auspiciosa de um homem de família muito simples, que hoje ganha rios de dinheiro com a automação no sistema de e-commerce e é considerado o empresário mais rico da China. Seu nome é Ma Yun, filantropo e investidor, mais conhecido por Jack Ma, presidente executivo do Alibaba Group Holding, que diz:

"As máquinas dos humanos têm chips, mas os humanos têm corações. Precisamos ensinar as crianças a serem criativas e inovadoras, a fazer as coisas que as máquinas não podem fazer. A educação deve seguir nessa direção."

A educação no Brasil é reconhecidamente fraca, e isso favorece o quadro de desemprego em áreas técnicas, como a tecnologia da informação, que tem lá suas oscilações.

---

34 Em 2021, o Fórum Econômico Mundial não ocorreu na localidade suíça de Davos, pois, em razão da pandemia, a organização decidiu realizar o evento anual em Cingapura. Sob o slogan "O Grande Reinício", o Fórum abordou, de 13 a 16 de maio, as consequências da covid-19 e as possíveis linhas para a recuperação mundial.

Paulo Henrique reconhece que a tecnologia pode aumentar o índice de desemprego no país, mas, por outro lado, é a grande responsável pela criação de empregos informais. Ele cita, como exemplo, a pessoa que cria um site e vende produtos pela internet, ou o próprio motorista de Uber, que pode estar na lista do IBGE como desempregado, mas tem de onde tirar o seu sustento.

O governo até está intensificando a caça desses profissionais ao criar mecanismos como o Microempreendedor Individual (MEI) ou o Simples Nacional (SN), em que as pessoas cadastradas se beneficiam com isenção de vários tributos, como Pis, Cofins, Imposto de Renda, entre outros.

O IBGE, contudo, esclarece que a grande maioria desses informais não toma essa iniciativa, pois cerca de 41% deles ainda trabalham sem qualquer desses registros.

Só para colocar um pouco mais de lenha na fogueira, agora citando como fonte a revista *Exame*[35], a informalidade no Brasil é o dobro da dos países desenvolvidos, deixando o nosso país entre os mais improdutivos do mundo.

O CAPITAL EM TEMPOS HISTÓRICOS DIFERENTES

Nos anos 1970, as celebridades do mundo empresarial, em especial nos Estados Unidos, eram os Rockefeller, com negócios no mundo todo, em setores petrolífero, imobiliário e financeiro; Warren Buffett, investidor americano, CEO da gestora de Berkshire Hathaway; expoentes do setor automobilístico como a família Ford e o espanhol Amancio Ortega Gaona, fundador da Inditex, controladora da maior rede de *fast fashion* do mundo, a Zara, que já conseguiu ultrapassar a fortuna de Bill Gates em 2017.

---

35 Fonte: https://exame.com/negocios/como-a-alta-informalidade-no-brasil-pode-frear-a-produtividade/. Acessado em: 29 jun. 2023.

A partir de 2000, outros nomes vão aparecendo no rol de bilionários mundiais, como o sul-africano Elon Musk, dono da Tesla, fabricante de carros elétricos, e da SpaceX, fabricante de foguetes, um plano ambicioso de espalhar a civilização humana pelo espaço. Musk foi considerado a pessoa mais rica do mundo em 2022, com uma fortuna estimada em US$ 219 bilhões. Além desse seu plano ambicioso, ele adquiriu em 2022 o Twitter, um novo ramo de negócios, extremamente lucrativo, por US$ 44 bilhões, cerca de R$ 214 bilhões.

No Brasil, as famílias afortunadas começavam com os Matarazzo, cujo patrono, Francisco, foi o criador do maior complexo industrial da América Latina no início do século XX, o Grupo Gerdau, o maior fabricante de aços das Américas, o grupo Votorantim, da família Ermírio de Moraes, até o surgimento do lucrativo mercado financeiro com famílias sempre citadas na revista *Forbes* como as maiores fortunas do Brasil e do mundo: os Safra, os Setúbal, Jorge Paulo Lemann e seus sócios Carlos Alberto Sicupira e Marcel Herrmann Telles, entre outros que, depois do Banco Garantia, fundaram a maior empresa de cervejaria do mundo, a Ambev.

Paralelamente à evolução do mundo corporativo, ia surgindo nos bastidores, no início do século XX, o avanço indelével da era eletrônica que foi mudando o foco das fontes de riquezas. E, com o passar dos anos, isso foi acontecendo assustadoramente rápido, sobretudo a partir dos anos 1970, com a ascensão da Microsoft, da Apple e, consequentemente, dos *nerds*[36].

A partir daí, as fortunas bilionárias mundiais vão mudando de mãos, a começar por Jobs, da Apple; Gates, da Microsoft; Larry

---

36 Os *nerds* começavam a tomar conta do mundo dos negócios. Claro que o uso pejorativo da palavra *nerd* é uma indicação do valor que a sociedade dava a certo conjunto de características e atitudes – uma ressaca, na realidade, de tempos idos, quando a força física e os "pés no chão" eram considerados atributos valiosos. Agora, o que estamos vendo é uma mudança de valores. Isso é óbvio no mundo dos negócios, em que estamos testemunhando o crescimento contínuo do chamado "profissional do conhecimento". Na era do "profissional do conhecimento", know-how técnico e criatividade são as novas vantagens corporativas. Fonte: D. Dearlove. *O estilo Bill Bates de gerir*. 2.ed. São Paulo, Gente, 2009. p. 34.

Page e Sergey Brin, do Google; Larry Ellison, da Oracle; Mark Elliot Zuckerberg, da Meta (Facebook, Instagram e WhatsApp); Jeffrey Preston Bezos, da Amazon (AWS); e, mais recentemente, os suecos Daniel Ek e Martin Lorentzon, fundadores da Spotify, serviço de *streaming* de música, *podcast* e vídeo mais popular e usado no mundo. No contexto de bilionários da nova era, não poderia faltar o mexicano Carlos Slim, dono da Companhia de Telecomunicações América Móvil, que no Brasil controla a Claro e a Net.

ALENTO PARA JOVENS

O tempo é imprescindível na vida de qualquer pessoa, mas o executivo que tem os olhos voltados para o futuro, com chance de conhecer e/ou participar de projetos de jovens empreendedores, pode seguramente ter um dos momentos mais importantes de sua vida. Assim foi o comportamento de Paulo Henrique quando convidado para ser voluntário da ONG Junior Achievement[37], do município de São Paulo.

"Abrir espaço na minha agenda para participar dos programas da Junior Achievement é algo que tem um significado muito grande para mim: quero ajudar esses estudantes do ensino médio a ganhar confiança, de modo a se tornarem futuros empresários" afirmou.

A diretora-executiva do órgão, Cibele Lara, assegurou que os empresários voluntários buscam levar aos alunos todo conhecimento e experiência adquiridos no decorrer de suas carreiras e ainda participam de vários programas, como "Sombra do Executivo", "Ética", "Conectado com o Amanhã", "Miniempresa", entre outros.

---

[37] A Junior Achievement é uma das maiores organizações sociais incentivadoras de jovens do mundo. Fundada em 1919, há mais de cem anos, é uma das primeiras organizações a trazer programas de empreendedorismo para crianças e jovens da América Latina. Há 36 anos no Brasil, a organização, que atua em mais de 100 países, já capacitou em 26 estados brasileiros mais de 5 milhões de alunos com o apoio de mais de 150.000 voluntários. No estado de São Paulo, mais de quatrocentas mil crianças e jovens foram beneficiados pela ONG.

Na entrevista que me concedeu em 2019, ela enalteceu a figura de Paulo Henrique, que nunca deixou de atendê-la todas as vezes em que pediu a sua colaboração. Disse que ele é voluntário desde 2011 e que a ajuda muito, principalmente no quesito "Sombra do Executivo", em que um aluno passa um dia com o empresário, desde o café da manhã ao encerramento do expediente, assistindo a todas as suas atividades profissionais.

"Paulo Henrique é midiático e tímido, mas na sala de aula se transforma. Costuma fazer duas apresentações por ano", acrescentou a diretora do órgão, "uma no primeiro e outra no segundo semestre nas escolas, principalmente nas estaduais. Além disso, compartilha com os jovens todo o seu aprendizado e sua experiência de vida, pois, segundo ele, serão esses meninos(as) que, organizadamente, poderão modificar a inoperância do Estado no quesito educação".

Paulo Henrique afirma que muitos jovens são provenientes de famílias das classes D e E e acham que nunca vão chegar a lugar algum, sem um bom emprego, um bom salário e sem sucesso na vida.

"Sinto isso nos olhos de muitas crianças, mas quando percebo que o meu papel ali é ajudar aquelas criaturas a despertarem para o mundo, sinto-me mais robustecido e resiliente", complementou.

Com seu jeito nada catedrático, mas persuasivo e afetivo, ele mostra para aqueles jovens a necessidade de cada um se preocupar com o seu futuro, aprimorando ideias, conhecimentos e relacionamentos. Explica ainda que o conhecimento não se restringe necessariamente ao parâmetro técnico, mas também ao preceito doméstico, com os pais e a família.

Em 2019, Paulo Henrique foi convidado pela Junior Achievement a participar da edição especial de um projeto da organização que trouxe como tema "O Futuro do Trabalho". Relata ele, pouco antes de fazer a sua apresentação:

"Hoje tive o privilégio de compartilhar minhas experiências pessoais e profissionais com alunos do ensino médio, através do projeto voluntário da Junior Achievement, e mostrar a importância de compreender e se preparar para 'O Futuro do Trabalho'."

É bom lembrar que ele próprio foi um jovem em busca de oportunidades de crescimento e, ao se tornar um patrocinador de jovens empreendedores, está contribuindo para o sucesso do Brasil e de pessoas que nem sempre têm acesso a alguém com esse perfil. O desejo de devolver para a sociedade brasileira um pouco do que conquistou é uma constante ao longo de sua vida.

Projeto voluntário da Junior Achievement, mostrando para jovens do Ensino Médio a importância de compreender e se preparar para mercado de trabalho.

Acho interessante, como narrador, fazer paralelos, quando assuntos desse tipo, extremamente importantes, são abordados por pessoas de alta qualificação profissional e merecem todo crédito e respeito.

Paulo Feldmann, por exemplo, professor e economista de longo currículo, inclusive coordenador da Fundação Instituto de Administração (FIA), afirma que o futuro está no empreendedorismo e até chama de herói quem investe em tecnologia no Brasil, porque o governo, ao contrário de outros países, não dá incentivo nenhum nessa área. Lembrou que o Brasil já foi uma grande potência industrial há trinta anos, e esse setor respondia, na época, por um terço do PIB, e hoje, responde por apenas 9%. Para ele, a indústria é o pivô para o crescimento da tecnologia.

Feldmann sustenta que muitas profissões vão acabar, como as de contador, lixeiro e até motorista, que terão de fazer cursos de autônomos para participarem do mercado de trabalho.

O MOMENTO DA REFLEXÃO: PÉ NO FREIO

Nosso biografado, como qualquer empresário bem-sucedido, traçou planos e expectativas de vida, principalmente após o advento de seus filhos, no início da década de 2010. Uma vez que seus negócios estavam fazendo sucesso, pensou até em desacelerar o ritmo de trabalho depois de uns oito a dez anos de Go2next e preparar alguém para substituí-lo. Para ele, toda e qualquer empresa tem de nascer e crescer, sem o dono ficar trabalhando eternamente dezoito horas por dia. Se isso, por acaso, acontecer, é porque alguma coisa está errada.

O desacelerar de qualquer empresa em razão de uma estagnação do mercado é normal, mas colocá-la num ritmo inercial de crescimento, só para que as pessoas se preparem melhor para tocá-la sem a ingerência do patrão, é um critério perigoso.

Nos últimos anos, Paulo Henrique disse ter pensado muito em preparar um substituto para o seu cargo na Go2next, mas não teve muita sorte na investida, pois o funcionário, que vinha bem e demonstrava crescimento na empresa, acabou se acomodando, não se aperfeiçoando, nem se atualizando no dia a dia. Pelo contrário, virou a cabeça, envolveu-se com questões alheias ao trabalho e acabou tornando-se um peso para a Go2next. Apesar do espírito generoso que sempre o caracterizou, nunca suportou descaso e gente frouxa ao seu redor, e por isso acabou o demitindo.

Terminou sendo um nó difícil de desatar, mas Paulo acredita que já está conseguindo alguns avanços nessa meta de encontrar um substituto à altura e que seja, preferencialmente, diferente do seu *modus operandi*.

Há tempos vem tentando delegar decisões a seus imediatos, dentro do perfil de uma empresa matricial, ou seja, a que abre espaço para um ambiente mais fluido, em que os funcionários de níveis mais baixos na hierarquia possam participar da tomada de decisões. Foi um motivo tácito para fugir do organograma vertical, em que as decisões vêm de cima para baixo, seguindo a hierarquia.

Aí está uma das frustrações do Paulo Henrique como o principal executivo da Go2next. Para uma empresa ser matricial ou horizontal, segundo ele, precisa ter gente que tome decisão. Certa ou errada, mas que a tome.

"Talvez o número de decisões tomadas pareça razoável para o nosso tamanho atual, mas, para crescer, que é o grande objetivo de qualquer empresa, é preciso ter mais gente com coragem de empreender em uma nova atividade", diz ele. Reconhece, no entanto, que para tomar decisão a pessoa tem que se expor, e isso envolve riscos.

"Atualmente, é difícil achar pessoas que façam isso, pois temem errar e também perder o emprego", complementa.

Apesar de colocar muita fé em seu trabalho, Paulo admite que o tempo fala mais alto e, independentemente da idade física, a experiência de mercado vai ficando um pouco desatualizada, coisa natural na vida das pessoas, por mais que elas tentem se atualizar. Diz ele que não dá para ficar olhando para o futuro o tempo inteiro, mesmo porque a vida tem outras prioridades fundamentais e importantes, como amigos e, principalmente, a família.

Quando liderava a Getronics na América Latina, por exemplo, entre 2002 e 2010, Paulo Henrique viajava, impreterivelmente, todas as semanas. Parte dos voos seguia pelo Brasil, mas a maioria tinha como destino a Holanda, sede global da multinacional. Voos por outras rotas, como Estados Unidos, Argentina, Chile, Venezuela, Colômbia e México, compunham o cardápio de suas viagens. Como ficava fora de casa de dez dias a trinta dias, chegou a acumular 1 milhão de milhas aéreas em dez anos e meio de trabalho.

Paulo Henrique acredita que as viagens lhe custaram dias de convívio com a família e os amigos, mas havia o lado bom, que era o de agregar conhecimentos à carreira, entender novas culturas e negociar grandes projetos. As desvantagens para ele, além da distância dos parentes, era a falta de continuidade em cursos de aperfeiçoamento e em atividades físicas.

Hoje, viaja bem menos, pois seu número de voos caiu de cinquenta para seis ou sete ao ano e, quando necessário, usa a tecnologia para substituir viagens por encontros virtuais. Admite avanços em sua metodologia de trabalho, pois ultimamente consegue tirar férias de um mês, em duas etapas, julho e dezembro, com a esposa Larissa e seus dois filhos, Paulo e Rafael.

"Quero estar junto e ver meus filhos crescerem", diz ele.

PANDEMIA — DO MEDO À CRIATIVIDADE

Em que pese o solavanco que abalou o mundo no cenário socioeconômico e sanitário com a pandemia causada pela covid-19, o setor da tecnologia e comunicação foi um dos menos impactados pela crise de mercado.

Com as pessoas em distanciamento social, permanecendo mais tempo em suas casas, a maioria atuando em modelo *home office*, o consumo pela internet aumentou sobremaneira, a exemplo dos programas em deliveries. Nesse campo, a tecnologia digital pôde avançar, passando por muitas transformações.

Foi o que aconteceu com a Go2next, que viu seus negócios aumentarem, principalmente em âmbito nacional.

Murilo Serrano, Chief Operation Officer (COO) da Go2next, lamenta apenas o declínio de participações na América Latina no quesito viagem, mas o atendimento remoto obteve memorável êxito. Disse ainda que, além dos clientes tradicionais, vários outros foram abertos, com pedidos significativos.

"Repensamos estratégias num mercado aparentemente crítico em inovações e despertamos para isso, acelerando todo o processo de multimídia", observou.

Na sua opinião, com a ampliação do trabalho remoto durante o período da pandemia, o mercado ficou refém de um sistema muito amador, e a Go2next caiu forte em cima disso, inovando e modernizando soluções de forma a beneficiar empresas e usuários.

Waldir Gregorut, gerente administrativo-financeiro da Go2next, disse que a empresa apresentou um crescimento considerável no início da pandemia ao vencer duas grandes concorrências e ampliar seu leque de atuação por vários meses.

"As pessoas trabalhavam em *home office*, aguardando os acontecimentos, na maior das incertezas. Se determinado cliente tinha um investimento a ser feito, com certeza preferiu aguardar por novos ares", afirmou.

Muitos projetos menores, segundo ele, acabaram sendo executados, e isso permitiu à empresa não dispensar nenhum funcionário naquela época.

Para finalizar a entrevista que me concedeu, Gregorut citou um velho bordão de seu chefe Paulo Henrique Pichini:

"Equipamento todo mundo vende, o que a gente vende é inteligência. Esse é o nosso melhor produto."

CAPÍTULO VI

UM TIME DA PESADA

Dedicarei algumas páginas para trazer alguns dados de companheiros do biografado que, junto dele, desenvolveram muitos trabalhos, mas que também me forneceram histórias relevantes sobre esse meu objeto de estudo.

Um dos pilares dessa experiência aqui relatada é o seu sócio, Murilo Serrano. Operando sempre nos bastidores e longe da mídia, é um mestre na arte de montar redes de computação. A exemplo de seu sócio e amigo, Paulo Henrique Pichini, começou cedo a se apaixonar pela informática e não pensava em outra coisa até que seus objetivos fossem alcançados.

Quando se fala dessa dupla, não tem como não se lembrar da trajetória dos gênios da computação Bill Gates e Paul Allen, da Microsoft, e Steve Jobs e Steve Wozniak, da Apple.

Longe dos holofotes e da mídia, Murilo Serrano sempre foi apaixonado pela tecnologia, a ponto de ser considerado um dos melhores implantadores de rede de computação em todo o país.

Nasceu em São Paulo, capital, em fevereiro de 1967 e morou em quinze lugares diferentes em razão da profissão do pai, o espanhol José Maria Serrano Belmonte, corretor de imóveis. Serrano chegou ao Brasil em 1958, quando tinha 18 anos, na companhia de um tio, que pretendia abrir, na capital paulista, uma fábrica de essências.

No início da década de 1960, seu pai, José Maria, casou-se com Rosa Matilde de Almeida Maffei e, após o nascimento do primogênito Henrique, em 1963, eles viajaram para a Espanha no ano seguinte.

O casal voltou ao Brasil em 1965, quando José Maria resolveu montar o seu próprio negócio e, como o dinheiro era curto, arrumou um sócio, que acabou lhe dando um belo tombo algum tempo depois. Essa empresa fabricava um produto de limpeza, principalmente de crostas, em usinas de cana-de-açúcar. Na verdade, era um desincrustante, que fazia o mesmo trabalho de uma desentupidora, por exemplo. Mas o negócio acabou não dando certo.

Resolveu mudar de ramo e acabou se dando bem na profissão de corretor de imóveis, na qual se firmou definitivamente. Persistente, fundou a Serrano Imóveis, uma imobiliária cujo nicho estava na região dos Jardins e que atende clientes há mais de trinta anos. José Maria Serrano Belmonte é considerado pelo filho Murilo quase como um workaholic, pois atualmente, sob os seus 83 anos, continua a trabalhar até nos fins de semana.

Murilo Serrano fez o primário no Colégio Mater Dei e o colegial no Dante Alighieri, onde seus pais conseguiram uma bolsa de estudos, dadas as dificuldades financeiras da época. Resolveu fazer engenharia elétrica no Mackenzie, quando um fato doloroso aconteceu em sua vida, no final do primeiro ano do curso. Com 18 anos e já trabalhando com o pai na imobiliária, ficou doente e teve que submeter-se a uma cirurgia complicada na vesícula.

Murilo ficou em casa, recuperando-se por trinta dias, o suficiente para uma reflexão e uma decisão sobre seu futuro: o seu negócio era mesmo a informática. Na faculdade foi reprovado, porque, segundo ele, era impossível fazer aquele monte de provas perdidas num espaço tão curto de tempo.

E o que mais o encantou nesse período, em que pese a internação de dez dias no hospital, foi a calculadora Casio, que comprou de um chinês amigo para levar ao laboratório de informática que estava sendo inaugurado na faculdade. A máquina, na verdade, era um minicomputador, já programado em Basic, até hoje em seu poder.

Murilo ficava quase 24 horas por dia com a calculadora, programando e pegando cada vez mais o jeito de criar um sistema.

De volta à Faculdade de Engenharia Elétrica, no ano seguinte, começou a se destacar, especialmente, no laboratório de informática e nas aulas de computação. Seu professor até o designou para ser o monitor dos colegas de classe.

A partir daí, Murilo Serrano começou a conviver mais com os primeiros computadores Apple 2C, um total de três máquinas que havia na sala.

O gosto acentuado pela tecnologia foi esmorecendo a vocação inicial pela engenharia elétrica. Começou a ir mal nas provas e resolveu prestar vestibular para computação no próprio Mackenzie, no período noturno.

Seu tempo estava todo tomado: engenharia em período integral, computação à noite e nas horas vagas trabalhava com seu pai na imobiliária, onde ganhava boas comissões de vendas nos finais de semana.

Mas um mundo novo começaria a se vislumbrar e acontecer na vida do jovem Murilo. Um dos alunos da sala da computação, a qual monitorava, trabalhava numa empresa de leilão de artes e disse que seu patrão estava precisando de alguém que soubesse implantar, em sua empresa, um sistema de automação de dados com o objetivo de fazer um leilão eletrônico.

Questionado se teria condições de realizar aquela tarefa, Murilo não teve dúvidas e aceitou o convite, pois havia um bom tempo que já estava aprendendo a desenvolver esse tipo de programa.

Com o dinheiro ganho nesse primeiro trabalho na área de informática, comprou um novo computador e logo depois resolveu deixar a engenharia elétrica quando cursava o terceiro ano.

Arrumou um estágio não remunerado de três meses na SPA/SPI Software Ltda., em tempo integral, resolvendo investir de vez na profissão: durante o dia trabalhava na informática, e à noite frequentava as aulas de computação.

Passados os três meses de estágio na SPA, a empresa o convidou para renovar o contrato por outros três meses, o que o deixou muito feliz, até descobrir que a nova permanência também não tinha remuneração alguma. Seu pai ficou uma fera, mas entendeu as ponderações do filho, que gostava demais daquele negócio. Além disso, o ajudava nos fins de semana em vendas no mercado imobiliário.

Passados os seis meses, a SPA resolveu efetivá-lo, com um salário mediano, para trabalhar na área de suporte técnico e já mexendo com o sistema Open Access, que era como um software hoje, do tipo Windows. O Open Access era um software integrado, composto por uma série de subsoftwares e ambientes, além do módulo de comunicação com o seu fantástico Bulletin Board System, boletim eletrônico (BBS). Murilo começou a gostar daquilo e a interagir cada vez mais com as ferramentas desse trabalho. Para ele, coisas dos deuses. Foi aí que conheceu o Paulo Henrique, que trabalhava na área de pré-vendas.

Naquela época, 1988, a internet[38] estava engatinhando no Brasil e, para se conectar, de acordo com o Murilo Serrano, tinha que se utilizar de um módulo de comunicação, um modem, com o qual você ligava para outra empresa e transmitia dados. A partir de então, com Paulo Henrique, sua história foi se consolidando.

No início da Connect Systems, Murilo Serrano e Paulo Henrique haviam levado uma pessoa que trabalhava com eles na Eden, Marco Aurelio Wasser Bueno de Mello, cuja irmã, Luciana Wasser, na época pediu demissão do emprego na Rádio Capital e acabou indo também para a Connect, a fim de trabalhar como recepcionista/telefonista, assim que a empresa saiu de Moema e mudou-se para a avenida Berrini. O curioso dessa história é que Luciana casou-se com o Murilo, depois de mais ou menos um ano e meio de namoro.

"Lá eu fazia de tudo" conta, sempre alegre, a Luciana, ao enumerar as funções que ocupou nos três anos em que permaneceu na empresa.

"Quando havia *cocktail* eu lavava louça, fazia café, limpava a sala, até que fui mudando para outras atividades, como controle de estoque, compra e venda de equipamentos, secretária dos dois sócios e, finalmente, na área de marketing, onde eu trabalhava diretamente com o Paulo Henrique", conta ela.

Luciana fez duas faculdades, sem completá-las, a de Rádio, TV e Cinema e de Marketing, após concluir o colégio técnico e propaganda em Santo André.

---

38 O primeiro contato do Brasil com a Internet ocorreu em 1988, quando a Fundação de Amparo à Pesquisa do Estado de São Paulo (Fapesp), ligada à Secretaria Estadual de Ciência e Tecnologia, realizou a primeira conexão à rede por meio de uma parceria com o Fermilab (Fermi National Accelerator Laboratory), um dos mais importantes centros de pesquisa científica dos Estados Unidos. A façanha coube aos professores Oscar Sala e Flávio Fava de Moraes, da Universidade de São Paulo (USP), que tocaram o projeto em conjunto e inauguraram a conexão oficialmente no ano seguinte. Do livro: E. Vieira. Os bastidores da internet no Brasil. Barueri: Manole, 2003, p. 8.

Entretanto, segundo ela, sua paixão é a culinária, e já fez diversos cursos na área, inclusive com chefs famosos como Erick Jacquin e Thiago Castanho.

Nos últimos cinco ou seis anos, Luciana vem aprimorando a sua arte nesse setor, que aprendeu com a sua mãe desde os 12 anos.

Uma pessoa que tem uma história *sui generis* com Paulo Henrique Pichini é Ricardo Otero Garcia, que o conheceu casualmente entre amigos comuns e acabou se enamorando e se casando com sua irmã, Cynthia Pichini. Quando abriu sua empresa, colocou o nome de Cynet.

Cynthia havia se separado de Orlando Mustaro, seu primeiro marido, com quem teve um filho, Diogo, em 1985. Ela diz que conheceu Ricardo quando ainda estava em processo de separação. Casaram-se e tiveram uma filha, Luísa, no ano de 1998.

Batalhadora, cursou línguas e literatura inglesa na Pontifícia Universidade Católica de São Paulo (PUC/SP), onde também cursou o mestrado, defendendo a tese em 1998. A partir de então, dá aulas na Universidade São Judas Tadeu, na Mooca, zona leste da capital paulista.

Ricardo, que desde os 4 anos tem o apelido de Rato, foi um exímio vendedor na construção civil, no ramo de fechaduras, e chegou a trabalhar por oito anos na empresa La Fonte[39], depois Yale. Acostumado ao bom movimento de vendas na zona sul, onde morava, ficou contrariado quando o designaram para a zona norte da cidade, onde a clientela já não era a mesma. Caiu o numerário, saiu da empresa. Conhecendo bastante a infraestrutura da construção civil, começou

---

39 A história da La Fonte no Brasil começou no ano de 1919, no bairro de Santana, em São Paulo. A pequena fábrica de ferragens para portas foi fundada pela Cia. Metalúrgica La Fonte, um grupo francês que escolheu a capital paulista para iniciar as atividades no Brasil. Em 1960, o Grupo Jereissati adquiriu o controle acionário da empresa. Nove anos mais tarde, com o início das obras do metrô, a fábrica foi transferida para o bairro de Socorro, ocupando um terreno de quase 23.000 m². Em 1983, os produtos La Fonte começaram a ser exportados. Em 1996, o grupo inglês Williams Holding PLC assume o controle acionário da empresa que, em seguida, é incorporada ao Grupo Yale Intruder Security. Em 2000, a La Fonte foi adquirida pelo grupo ASSA ABLOY, líder mundial no desenvolvimento e fabricação de soluções em fechaduras.

a pensar em abrir o seu próprio negócio. Seguindo intuições e aprimorando metas, Ricardo agiu como o periférico *mouse* e se ligou ao mundo da informática ao conhecer Paulo Henrique Pichini, cuja irmã, Cynthia, já andava de namorico com ele. O próprio Paulo Henrique foi quem o incentivou a abrir um negócio de infraestrutura, uma vez que tinha muito trabalho nessa área. Dito e feito. Fundou uma empresa de cabeamento, a Jet Cable, contratando um empregado da própria Connect, Fabio Luís de Araújo. Depois de dois anos, resolveu trabalhar sozinho, vendeu sua parte ao sócio e criou uma nova empresa, a K2 Telemática, já com cerca de vinte funcionários, tendo como principal parceira a própria Connect Systems. O passo seguinte foi aceitar a sugestão do Marcos Rogério dos Santos de abrir uma nova instituição para atender todo o Brasil e não só São Paulo, como era o caso da K2.

Outro sócio minoritário e diretor de infraestrutura da Go2next, Marcos Rogério dos Santos, é um cidadão que protocolou seu passaporte numa caminhada próspera e fértil junto a Paulo Henrique Pichini.

Iniciou sua carreira no mundo da informática em 1996, como estagiário da empresa Saga Computadores. No ano seguinte, entrou na Connect Systems, nessa mesma função, mas passando a auxiliar, seis meses depois, na gestão do gerente de cabeamento Fausto Cardim.

Marcos, com talento e habilidade, foi se dando bem e encontrou nos estudos um forte aliado para a área que pretendia seguir. Entrou na faculdade de engenharia de telecomunicações na Universidade Ibirapuera (Unib), depois na Universidade Paulista (Unip), mas confessa que não terminou nenhuma das duas por se dedicar inteiramente ao trabalho e não sobrar tempo para concluir o seu curso.

Marcos se lembra que chegou a trabalhar na Cosipa, quando a Connect fez toda a rede de fibra óptica naquela empresa para instalar o então moderno sistema ATM. Ele disse que ficou impressionado com a velocidade de comunicação desse complexo, que era de 622 megabits por segundo, ou seja, cerca de cem a duzentas vezes maior que o método tradicional.

Em 2000, quando a Connect Systems foi vendida para a Getronics, Marcos foi trabalhar na multinacional holandesa a exemplo dos demais colegas. Em 2009, saiu da Getronics para se associar a Ricardo Otero Garcia (Rato), numa empresa específica de infraestrutura que atuava, basicamente, no estado de São Paulo, a Cynet. Com a sua inclusão, a empresa passou a atuar em vários estados do Brasil, até que foi incorporada à Go2next, em 2010. Ricardo e Marcos passaram a ter, cada um, certo percentual na nova organização até 2013, quando então viram esse número de quotas diminuir em razão da entrada de novos sócios empreendedores, como Rubens do Amaral, Valdir Bignardi e Flávio Rossini. Por algum tempo, a empresa passou a se chamar Go2next, Cynet Teleinformática Ltda.

Outro expoente, principalmente na área financeira, é o bacharel em administração de empresas pela Unicapital, Waldir Gregorut. Ele reconhece que a Go2next também passou por atribulações e tormentas no contexto de crises econômicas, mas nunca precisou recorrer a bancos para solver compromissos.

"Quando a coisa aperta muito, chamo o Paulo que, com competência e sorte, vende projetos e resolve o problema", diz Gregorut, sorrindo, calcado na presteza de seu chefe.

Filho de pai italiano e mãe portuguesa, Waldir nasceu na capital paulista, no bairro da Mooca, na zona leste, em 1954, ano em que São Paulo comemorava os seus quatrocentos anos de fundação.

No seu primeiro emprego, quando ainda cursava o colegial, começou a respirar os ares da contabilidade ao trabalhar no escritório de seu tio. Não teve muitos empregos. Consta de seu currículo passagens pelo Banco da Bahia, comprado depois pelo Bradesco, Laboratório Anapyon, fabricante de antisséptico bucal, e Siderúrgica J. L. Aliperti, uma gigante do setor na época, que abarcava várias subsidiárias.

Waldir foi designado para uma delas, a Agroeldorado Agricultura e Pecuária, que alimentava muito carvão vegetal para altos fornos. Ele conta que a empresa tinha 25 fazendas de reflorestamento de carvão e sua incumbência foi tomar conta de toda a parte administrativa e contábil. À medida que trabalhava, foi conquistando a confiança dos Aliperti, e um deles, Ciro Alexandre, vidrado no ramo imobiliário, convidou-o para tomar conta da parte financeira e administrativa da RMCA Construções e Incorporações Ltda., que acabara de abrir, no bairro de Pinheiros.

"Ele construía apartamentos de alto padrão nos Jardins, um por andar, e convidava os amigos para um jantar na Gallery, famosa boate da época, e vendia, numa noite, quase todos os apartamentos aos endinheirados convidados", relatou ele, com boa dose de humor.

Sua última peregrinação pelas subsidiárias do grupo Aliperti foi na empresa Ativação Ltda., que ficava na avenida Berrini, na zona sul.

"Agora cansei, tanto da empresa como deste lugar longe da minha casa. Vou procurar outro trabalho", apregoou Waldir, sempre confiante na sua performance.

Emprego até que ele arrumou, por indicação de um amigo, só que do outro lado da mesma avenida Berrini. Coisas do destino.

Assim, em 1994, foi contratado pela Connect Systems, que estava no mercado há apenas dois anos.

Apesar de nova, a empresa ia de vento em popa na área de TI, mas ficava muito a desejar nos setores administrativo e financeiro. Por isso foi contratado.

"O que mais me chamou a atenção com o passar do tempo foi a liberdade que Paulo Henrique e Murilo Serrano davam aos funcionários na condução dos trabalhos do dia a dia. Era só não pisar na bola", ironizou.

Na Go2next, Waldir é considerado um estratégico colaborador dos executivos que formam o time da empresa e lembra, sempre com bom humor, uma passagem quando as finanças não estavam lá essas coisas. Contou-nos que certo dia estava acabrunhado porque as contas não fechavam; e Paulo Henrique, ao perceber aquele seu estado de desânimo, foi logo perguntando:

"O que foi Waldir, está tristinho? Precisa de quanto"?

Ao saber da quantia, que não era pequena, foi logo complementando:

"Fique tranquilo, que vou vender já, quer ver?"

Não se sabe se a venda já estava engatilhada, mas o fato é que o problema de caixa foi resolvido em questão de dias.

Nesses quase trinta anos de convívio, Waldir resume assim o agitado temperamento de seu chefe:

"Paulo é impressionante. Ele aglutina tudo, trata de trinta assuntos ao mesmo tempo e com a mesma intensidade, desde os grandes até os pequenos. Se a mulher que faz limpeza trocar o detergente, ele a questiona:

"Por que trocou o detergente sem falar comigo?".

Sempre num tom jocoso, Waldir reconhece que esse é o jeito dele e que tudo acaba dando certo.

"Ele é um craque", finaliza o gerente administrativo financeiro da Go2next.

Waldir Gregorut casou-se aos 21 anos, teve duas filhas e mora hoje em uma casa em um condomínio próximo à capital paulista com a esposa Zilda, com quem vive há mais de 46 anos.

Vinicius de Simoni, considerado um ponto fora da curva por seu comprometimento e competência técnica, foi um dos primeiros contratados da então recém-criada Go2next, que contava com apenas seis ou sete funcionários no ano de 2011.

Desde garoto, aos 14 anos, vinha só pensando em entrar na área de tecnologia, e, aos 16, fez inscrição num programa da Wang Global para estagiários. Na época, cursava a faculdade de ciências da computação da Universidade Paulista (Unip) e, no trabalho, pediu transferência para o setor de suporte técnico, pois ficaria junto a pessoas da área de servidores, impressoras, manutenção, dimensionamento de projetos, mão de obra, reposição de peças, ou seja, entraria no mundo até então sonhado, repleto de novidades na área da tecnologia. Depois de três anos, em 2003, surgiu uma vaga para atuar em pré-vendas, que não era muito do seu gosto, mas não deixava de ser uma promoção e uma nova chance de se aproximar de pessoas-chave da tecnologia da informação. Permaneceu aí até 2006 e, nesse ínterim, foi promovido para o setor de operações da empresa, quando começou, efetivamente, a ter os primeiros contatos com o então presidente da Getronics, Paulo Henrique Pichini. Constatou que o idioma inglês seria indispensável às suas pretensões na área tecnológica e solicitou um afastamento da empresa por seis meses para cumprir um já agendado intercâmbio no exterior na casa de uma família da cidade de Vancouver, costa oeste do Canadá. Paulo Henrique não só concordou com a iniciativa do funcionário, como também lhe mandou uma mensagem de boa sorte no dia 11 de fevereiro de 2006. Tinha quase certeza de que não correria o risco de perder o emprego, quando de sua volta, e, caso isso acontecesse, iria batalhar para conseguir coisa melhor.

Reintegrado à equipe, ficou por mais cinco anos na Getronics, sempre alçando os melhores cargos e funções até que começou a se desgostar com a indiferença da empresa nos setores produtivos e de investimentos. Passou a atuar quase sozinho na área de sistemas, trabalhando aos sábados, domingos e feriados, e isso foi lhe causando um mal-estar, até culminar com a decisão de procurar novas áreas em outras empresas de grande porte.

Como atendia muitos clientes, um deles, a MetLife, ofereceu-lhe uma vaga no setor de operações, mas a Getronics não o liberou. Paulo Henrique, que já estava pensando em abrir a sua empresa, chamou-o para integrar a sua equipe, mas Vinicius ainda tinha esperanças de entrar numa grande organização, pois aguardava resultados de outras entrevistas. Mas, como nada acontece por acaso, as coisas começaram a demorar muito e ele foi falar com o Paulo Henrique, que o admitiu. Na época, Vinicius tinha proposta para trabalhar na Microsoft.

A Go2next tinha apenas uma semana de vida e sete funcionários. Seu novo chefe apresentou um plano de trabalho maduro, bem desenhado e planejado e o convenceu a crescer junto com a empresa. Hoje, Vinicius de Simoni é diretor de operações da área técnica, depois de passar um bom tempo na arquitetura de soluções. Entre os vários projetos globais de que já participou, destacam-se empreitadas com a Fusion Storm, nos Estados Unidos, e a Basf, na Alemanha. No Brasil, liderou mais de cinquenta projetos desde que ingressou na Go2next, em 2011. O fato de ser primoroso em suas entregas torna Vinicius muito querido e respeitado por clientes como Apple, Uber, Facebook, entre outros.

Vinicius fala fluentemente inglês e, como todo executivo, também tem o seu hobby e o pratica com afinco e determinação: futebol de mesa. Há mais de vinte anos disputa torneios nessa categoria e tem um desempenho considerável: foi o primeiro do ranking da Federação Paulista de Futebol em 2016 e bicampeão paulista individual em 2011 e 2016.

Neyre Cristiane Minini foi contratada como secretária do Paulo Henrique ainda nos tempos da Connect, em 1998.

Carregava na bagagem dois filhos, dois anos e meio de desemprego, matrícula trancada na faculdade por falta de dinheiro e quase 30 anos de idade. Contudo, tinha uma vaga experiência no cargo que pretendia ocupar. Trabalhou na empresa Rohr Estruturas Tubulares, com apenas 14 anos, como recepcionista. Depois de nove meses naquela função, procurou e acabou conseguindo, na própria empresa, uma vaga no Centro de Processamento de Dados (CPD), onde conheceu um cidadão que trabalhava naquele setor, amigo e colega de estudo do Paulo Henrique, o Evandro Redó, como já dissemos, anteriormente, conhecido por todos pelo apelido de Bozó.

Nos cinco anos em que permaneceu na empresa, a amizade entre os dois foi prodigiosa, a ponto de Evandro ser seu padrinho de casamento algum tempo depois.

Em 1989, Neyre começou a trabalhar na Compucenter como secretária júnior e ficou outros cinco anos, quando decidiu parar e mudar de ramo. Recebeu o fundo de garantia, montou uma loja e acabou quebrando a cara naquele pequeno empreendimento.

Anos mais tarde, em 1998, seu amigo Evandro, então funcionário da Connect Systems, conhecedor da situação aflitiva de sua amiga, telefonou-lhe e indagou como estava o seu inglês, pois o Paulo Henrique estava precisando urgentemente de uma secretária. Seu inglês não estava lá aquelas coisas, mas confiou no seu taco e combinou de fazer o teste no dia seguinte.

Assim que foi contratada, Paulo Henrique a ajudou a complementar o curso de inglês, mas, o que ficou em sua memória, naquele primeiro dia de trabalho, foi a difícil missão de decifrar os garranchos da escrita do seu novo chefe, que sempre reconheceu a sua péssima caligrafia.

Nesses 22 anos de convívio, Neyre o define como um diretor radical, rígido até demais, ansioso, mas agregador e muito competente. Disse que o conhece pelo tom da voz, logo quando chega pela manhã.

"Tem dia que ele surge alegre, brinca, faz gozações e chega a ser divertidíssimo, mas tem dia que... 'sai de baixo' está no avesso e é melhor deixá-lo quieto e em paz, sem contrariá-lo."

Concorda que Paulo Henrique é um visionário e extremamente sintonizado com a tecnologia da informação, e nas palestras que realiza é muito elegante e competente.

Na assessoria de imprensa, Paulo Henrique teve como profissional o próprio pai, Mário, jornalista de longa experiência.

Para substituí-lo foi contratada Tatiana Fonseca, que nunca se esquece que o Paulo Henrique sempre foi uma fonte de ouro para jornalistas e correspondentes, graças à sua persuasão e ao seu conhecimento na área da tecnologia da informação. Foi também a sua principal fonte ao falar de redes para o seu caderno de Edições Corporativas, no segmento de informática do *Estadão*, na década de 1990.

A jornalista, que está no mercado de tecnologia desde 1987, confirma citações deste livro, que, em 1992, Paulo Henrique foi pioneiro na implementação do ATM, o tipo de rede mais estratégica naquela época e, em seguida, criou um conceito de um integrador focado em projetos de computação em nuvem, a chamada *cloud computing*. Tatiana lembra ainda que as empresas tinham muito medo de aderir a esse novo sistema naquela época, mas o tino de persuasão do jovem patrão, embasado em sua experiência de quase trinta anos, levava o cliente a refletir melhor e migrar para o conceito da nuvem. Isso, obviamente, depois de desenhar um projeto migratório, diluindo todas as ansiedades e inseguranças do cliente. A jornalista enfatiza que Paulo Henrique nunca parou no tempo, vislumbrou continuamente o novo e sempre fugiu de métodos convencionais.

Elevando a demonstração de tecnologia a outro nível, o TechTruck se apresenta nos eventos corporativos, conectando inovação e prática em um espaço dinâmico.

Onde a inovação encontra a adversidade: no Rally dos Sertões, o TechTruck permite que clientes experimentem a vanguarda tecnológica no cenário mais desafiador possível.

Em meio à adrenalina do rally, o TechTruck surge como uma ponte entre inovação e aprendizado, conectando comunidades ao mundo da tecnologia.

Nas curvas da vida

CAPÍTULO VII

PÉ NA TÁBUA: A VIDA DE PILOTO

É comum, como aqui já foi dito, que empresários bem-sucedidos sempre busquem uma fórmula para amenizar o estresse dos afazeres profissionais. São créditos pessoais, ou hobbies, oriundos de situações das mais inusitadas possíveis, por exemplo, ser piloto de um "rally off-road".

Se numa empresa se lida com números, funcionários, reuniões, pesquisas e tecnologia, no rally agregam-se carro, equipe de mecânicos, navegador, logística e, principalmente, concentração e espírito de luta. Além disso, não se pode esquecer da fruição e do contato direto com a natureza.

Paulo Henrique Pichini, fissurado em carros desde criança, só começou a idealizar esse desejo de piloto aos 30 anos, quando o normal seria aos 18 ou aos 20 anos, como ele próprio reconhece. Entre treinar no asfalto ou na terra, sempre preferiu a segunda opção. Começou com uma moto fazendo trilha off-road, um passatempo diferente, saindo de casa às seis ou sete horas da manhã, rumo ao mato, e voltando pelas nove ou dez horas da noite em fins de semana. Entretanto, motocicleta não era muito a sua praia e, quanto mais corria, mais pensava em competir em provas longas, sobre quatro rodas, nos chamados enduros: rally de velocidade e rally cross country. O início dessa nova empreitada em sua vida começou em Florianópolis, Santa Catarina, quando ele e seu sócio Murilo Serrano participaram da famosa feira Futurecom, o maior evento de transformação digital da América Latina. Após a solenidade, alugaram um carro Gol, bastante veloz para a época, quando perceberam que estavam atrasados para pegar o voo de volta a São Paulo. O jeito foi Paulo enfiar o pé no acelerador enquanto Murilo dava as coordenadas sobre a rota do trajeto. Naquela época, nem se pensava em Waze e Google Maps. A correria foi preponderante para a subida rápida da adrenalina da dupla e, em dado momento, Paulo Henrique iniciou o diálogo, que culminou com um novo estilo de vida dos dois.

"Se a gente conseguir chegar a tempo e pegar esse voo, você topa correr em rally"?

"Opa!!! Boa ideia. Então enfia o pé."

"Topa?"

"Topo, claro."

"Você navega?"

"Sim... Numa boa."

Não deu outra. Com dinheiro no bolso, pois tinham vendido a Connect Systems há pouco tempo, lá foram os dois até a Troller para a compra do primeiro veículo, um T4. O segundo passo foi levar o carro a uma oficina especializada e prepará-lo para a grande largada, fosse onde fosse. Mas qual o quê! Só desperdiçaram dinheiro porque compraram o carro errado. Tinha de ser um veículo próprio, já de rally, não um Troller de fábrica que trafega nas ruas.

Mesmo percebendo a besteira que fizeram logo de cara, tentaram se recompor e foram em frente, participando de uma corrida chamada "Rally de Regularidade"[40], em que o piloto pode correr sem gaiola, sem proteção e até sem capacete. Acabaram não gostando da modalidade, venderam aquele Troller e compraram uma camionete RS 200 da Mitsubishi, zero quilômetro.

---

40 Rally de Regularidade é uma prova automobilística na categoria R.A.I.D (Regularidade Absoluta em Itinerário Desconhecido), em que o navegador tem que manter a velocidade determinada, não podendo nem exceder, nem ficar abaixo do prescrito no regulamento.

Todo hobby tem o seu preço, e o rally é um esporte que requer muito dinheiro. O empresário que entra nessa briga sabe muito bem disso. Paulo Henrique, obviamente, faz eco a esse time de afortunados que não poupam economias para salvaguardar o espírito e a forma física. Quando começou, já estava com sua situação financeira bem definida, pois havia vendido, por um bom dinheiro, a Connect Systems para a Getronics, que o contratou a peso de ouro para ocupar os cargos mais importantes, inclusive a presidência no Brasil e na América Latina, como já foi relatado anteriormente.

Para ilustrar um pouco mais a figura exponencial de dinheiro no rally, existem modelos muito mais sofisticados e muito mais caros, em que só o aluguel de alguns desses carros custa cerca de € 1,5 milhão. E, no Rally Dakar, por exemplo, o piloto pode perder todo esse dinheiro em um ou dois dias de prova se o carro quebrar ou capotar, além de não poder ser socorrido pela equipe. A prova exige ainda que o piloto complete determinado trajeto todos os dias, caso contrário está desclassificado. Já nos Sertões, o carro sinistrado pode ser socorrido pela sua equipe e o piloto é apenas penalizado pelo tempo perdido. Somente 5% dos pilotos iniciantes, os chamados *rookies*, terminam a prova no Rally Dakar.

Em 2003, Paulo Henrique e Murilo, representando a equipe Off-Tech, criada por eles naquele ano, implantaram um ineditismo nas provas off-road durante aquele primeiro rally da dupla que começou em Goiás, passou pelo Tocantins e terminou em São Luís, no Maranhão, num percurso de 3.825 km. Os dois até ganharam uma manchete sugestiva do jornal *Valor Econômico*, em matéria assinada pelo jornalista Chico Barbosa: "Dupla escreve certo na Infovia enquanto trafega por vias tortas". E mais: "Executivos estreiam no Rally dos Sertões levando a bordo da picape Mitsubishi LR200-3 uma parafernália tecnológica.

O caderno de informática do *Estadão* naquele julho de 2003 também enaltecia a iniciativa da dupla, chamando a atenção dos fãs de off-road, que a partir daquele momento poderiam acompanhar pela internet tudo o que acontecia com uma equipe no Rally dos Sertões.

"Nossa meta era publicar on-line, no então portal www.offtech.com.br, todas as informações do nosso GPS durante a prova, conteúdo que será enriquecido por imagens digitais do trecho por onde estamos passando. Nunca ninguém fez isso a que nós estamos nos propondo, porque a conexão com internet nessas regiões é muito complicada", explicou Paulo Henrique.

Na verdade, a equipe OffTech utilizou um software desenvolvido sob medida para a corrida com o intuito de, a partir do notebook levado na traseira da picape, captar as informações do GPS e transmitir esses dados em tempo real para o portal. O notebook e o servidor web tinham uma conexão sem fio.

No ano seguinte, 2004, Murilo resolveu também pilotar e lá foram os dois para a compra de duas RS 200 da Mitsubishi, um modelo pouco superior ao de 2003.

Paulo começou muito bem o ano de 2004, pois levou o título do Campeonato Paulista de Rally Cross Country na categoria Super Production, realizado na cidade de Mogi das Cruzes. Ali também aconteceu a sua primeira capotagem, que, felizmente, não o prejudicou fisicamente nem interferiu na parte final da corrida.

Nesse mesmo ano, realizou um de seus sonhos de consumo na esfera do automobilismo. Ficou apaixonado quando se deparou com uma picape SSR, motor V8 6.0, inspirada em modelos dos anos 1950, que estava exposta num estande da Chevrolet no Salão do Automóvel de Miami. Pensou muito em comprá-la, mas os afazeres do dia a dia acabaram deixando aquele sonho um pouco de lado.

Um ano depois, numa de suas viagens aos Estados Unidos, visitou uma feira de automóveis naquele país e se deparou com a mesma picape. Aquilo já era demais. Acabou comprando-a, mas somente no ano de 2006, em razão de problemas burocráticos de importação. Vendeu-a seis ou sete anos depois com o nascimento de seus filhos, Paulo Henrique, em 2012, e Rafael, em 2013.

Mas os rallies continuavam acontecendo em sua vida, enquanto seu sócio e parceiro Murilo exerceu essa profissão somente até 2008, quando resolveu largar a carreira por motivos de saúde. Ao fazer uma cirurgia para correção do nariz, acabou pegando uma toxoplasmose, que o afastou de vez das pistas off-road.

Contudo, quase encerrou sua experiência de piloto de rally como campeão brasileiro de 2008, ao lado do navegador Deco Muniz, não fosse um pequeno defeito em seu carro nos instantes finais da prova. Mas sagrou-se vice-campeão.

Murilo e o navegador Deco Muniz no Rally dos Sertões, 2007.

Murilo e Paulo Henrique quando corriam pela Getronics.

Em 2006, Paulo Henrique participou do Rally de Ilha Comprida, litoral sul paulista, e conseguiu o 4º lugar, ao lado do navegador Kleber Cavalcanti.

Quanto mais corria, mais se fortalecia em sua mente a ideia de participar do Rally Dakar, o mais importante do mundo e o sonho de qualquer piloto de rally. Mesmo assim, continuou sua maratona, indo a Portugal para ver a largada do Dakar em Lisboa, que acabou não acontecendo por motivos de segurança.

O ano de 2008 tinha sido excelente em termos financeiros, pois havia ganhado uma suculenta bonificação da Getronics, por atingimento de metas, mais uma bela quantia de patrocinadores de empresas de tecnologia, como a Cisco Systems, Microsoft e outras distribuidoras, além, é claro, de sua reserva pessoal.

— Foi um gasto muito grande — lembrou Paulo Henrique, mesmo utilizando um veículo relativamente barato, uma Mitsubishi Pajero resistente, mas inferior ao carro com que ele corre hoje no Rally dos Sertões, uma Evoque sobre plataforma Mitsubishi/Rally Art. Atualmente, corre com uma Triton Evolution Mitsubishi — um protótipo com suspensão italiana, câmbio francês e módulo de performance de motor português.

Sabendo das dificuldades que iria encontrar pela frente, Paulo se submeteu a uma rotina pesada de treinos para entrar em forma para esse evento. Chegava a passar dezenove das 24 horas diárias acordado, em razão de exercícios físicos que acumulavam com seus compromissos de trabalho. Entre seus treinos, praticava musculação, squash, exercícios na academia e até boxe.

O ano de 2007 foi um dos mais agitados na vida do empresário-piloto, pois participou, ao lado do navegador Kleber Cavalcanti, de dois rallies, o do Alto Tietê, na cidade de Taubaté, ficando em 8º lugar, e o Rally do Sol, pelo Campeonato Paulista de Cross Country, ficando em 10º lugar. Mesmo assim, continuou sua maratona, acompanhando a largada do Dakar em Lisboa, já com o intuito de se preparar para correr no ano seguinte, prova que acabou não acontecendo por motivos de segurança.

UM PREPARO AUDACIOSO

Em 2008, fez um desafio à la Lawrence da Arábia, empreendendo uma viagem que profetizava bem a sua nova performance em busca do mundo de areia, poeira, montanhas e terras inóspitas. Com uma equipe composta de 29 pessoas, três caminhões de apoio mecânico e o automóvel principal, partiu para a Europa: saindo de Lisboa, em Portugal, passando pelo sul da Espanha, atravessando por balsa o estreito de Gibraltar, no mar Mediterrâneo, com destino ao Marrocos, na África. Ali, em pleno deserto do Saara, numa região chamada Merzouga, aconteceu um dos mais espetaculares treinos de sua vida, orientado por atletas de peso nessa modalidade esportiva.

Um dos caminhões de apoio.

A preparação para o primeiro treino em Merzouga.

O carro caracterizado da Getronics.

Um dos momentos do treino.

Pista de treino do deserto.

Um dos inumeráveis encalhes na areia.

Momento de descontração com Larissa, então namorada e futura esposa, que o acompanhou na viagem.

Paulo Henrique contratou, como consultor, Klever Kolberg, o piloto mais famoso das trilhas off-road e que já havia corrido 22 anos no Dakar, a princípio com moto e depois com carro, sempre

Nas curvas da vida

patrocinado pela Petrobras/Lubrax. Além dele, contratou como navegador o também experiente Lourival Roldan, que sempre correu com Klever Kolberg. Um dos grandes feitos dessa dupla foi participar do maior rally do mundo, que começou no dia 1º de janeiro de 2003, em Marselha, na França, e terminou em 19 do mesmo mês em Sharm El Sheikh, no Egito. Depois de dezenove dias e quase 9.000 km rodados, o piloto Klever e o navegador Lourival conquistaram o 3º lugar na categoria carros Super Production Diesel e terminaram em 13º na classificação geral com um Mitsubishi Pajero Full.

Esses eram os homens que Paulo Henrique adicionava à sua lista de colaboradores. Ainda mais para competir num evento que era um verdadeiro teste de resistência para equipes, pilotos, navegadores e máquinas.

Em Merzouga, Pichini ficou oito dias treinando e, em cinco deles, saía de madrugada para pilotar à noite, com o propósito de adquirir mais experiência. Lourival Roldan não só o ensinou a ler as dunas, a partir da percepção dos ventos, como lhe deu inúmeras dicas para desatolar carros em areia pesada, quando e onde ligar os sistemas de tração, inclinação lateral do carro e por aí afora. Kolberg era uma pessoa muito bem situada, engenheiro, palestrante, comentarista de rádio e exercia o papel de *coaching*, não só para ensinar o aluno a pilotar, mas para orientá-lo, dar dicas e, principalmente, prepará-lo física e psicologicamente.

O preparo anterior ajudou para a prova desafiadora de um percurso aproximado de 11.000 km, entre Argentina e Chile, partindo de Buenos Aires, cobrindo alguns dos mais agressivos terrenos no planeta, entre eles os pampas argentinos, a Patagônia, as areias de San Rafael, a cordilheira dos Andes e o deserto do Atacama. As altas temperaturas e a altitude também foram fatores de dificuldade extra para os pilotos. Esta era a prova dos sonhos, que em 2009 sofreu uma mudança: em vez de ser praticada na Europa, como era o costume, foi transferida para a América do Sul por questões de segurança.

O GRANDE MOMENTO: DAKAR[41]

O dia chegou. Início marcado para 3 de janeiro de 2009, às cinco horas da manhã, horário de verão argentino.

A carreira de piloto de Paulo Henrique começava a dar um ar de profissionalismo naquele ano, à medida que ele participava do grande evento, o então Rally Dakar. Corria numa categoria chamada *Rookie*, de novatos. Ele foi um dos doze brasileiros inscritos para competir nessa primeira versão latino-americana do Dakar naquele ano.

No primeiro dia e logo na primeira curva, onde se iniciavam as dunas, ele relatou que se viu numa cena cinematográfica, quando se deparou com um monte de carros desgovernados capotando e muitos com rodas para cima. Foi nessa hora que Lourival, como navegador, orientou-o a não olhar para os lados, pisar no acelerador, mudar de

---

41 O Rally Dakar de 2009 (31ª edição) foi realizado na Argentina e no Chile, sendo o primeiro a acontecer fora da Europa e da África, por questões de segurança. O de 2008, que foi cancelado, deveria se iniciar em Lisboa, Portugal, atravessar a Europa e a África até a chegada em Dakar, Senegal. Rumores sobre possíveis ataques terroristas levaram os organizadores a transferirem o evento, que a partir de 2009 só foi realizado em terras sul-americanas. A corrida começou em Buenos Aires, com uma largada simbólica no centro da capital do país, atraindo cerca de quinhentas mil pessoas. A distância total do percurso da prova foi de quase 11.000 km, tendo somente um dia de descanso, em Valparaíso, no Chile. De início, o rally partia sempre de Paris e terminava em Dakar, interrompendo-se a prova por um dia para fazer a travessia do mar Mediterrâneo. O primeiro foi realizado em 1978.

direção e sair do atoleiro. Aquilo ali parecia um campo de guerra aos olhos dos condutores participantes.

Rezava a lenda que 95% dos pilotos não conseguiam chegar ao destino final. Era um tipo de intimidação e enaltecimento das dificuldades da prova, o que agraciava apenas 5% dos concorrentes, ou seja, aqueles que conseguiam vencer tais desafios da competição.

E o Paulo se deu muito bem porque pilotou durante os dezessete dias quase 11.000 km e conquistou o 65º lugar com sua Mitsubishi Pajero, na categoria T1-Diesel — 6º lugar na categoria *Rookie*.

"Eu consegui", dizia ele na matéria publicada pela revista *A+* (do grupo Lance), edição de janeiro/fevereiro de 2009.

Após 11.000 km, a comemoração pelo 6º Lugar no Dakar, o maior rally do mundo.

Seria injusto não colocar aqui um acervo primoroso de informações que marcaram essa aventura desmedida do nosso piloto.

Jornais e revistas o assediavam e, a uma delas, a *Egotrip*, Pichini narrou sua trajetória:

"A *fesh fesh* (areia muito fina) impregnou meu carro e no quilômetro 5 comecei a perder a embreagem. No quilômetro 30 o sistema não suportou e a embreagem acabou totalmente. Alguns quilômetros à frente, o pneu estourou, repentinamente. Controlei o carro e continuamos firmes. Após os problemas com a embreagem, tivemos uma pane elétrica. Com 100 km de percurso o carro começou a apagar. Cheguei a pensar que não seria possível continuar. Felizmente, Lourival percebeu que um fio estava desconectado e resolvemos o problema. Pegamos tanta chuva que, quando chegamos ao rio, identificado na planilha como 'rio seco', estava repleto de água e fomos obrigados a andar mais de 10 km dentro daquele aguaceiro. Ao anoitecer, encontramos gelo num vale assustador e de difícil acesso, onde quase capotamos por duas vezes. Lá pelo dia 11 e 12, fui vendo muitas desistências, com pilotos favoritos ficando pelo caminho. Isso deu um novo impulso à minha imaginação e me preparei melhor para enfrentar o temido deserto do Atacama, cuja temperatura poderia chegar a 47 graus em alguns trechos."

No final da entrevista, seu semblante mudou ao falar da emocionante reta final:

"Cruzar a linha de chegada do Rally Dakar foi um dos momentos mais emocionantes da minha vida. Nos últimos quilômetros, Lourival, meu navegador, gritava: "Acelera, acelera, tá acabando". Aí... eu pisei tudo", emendou.

Ao cruzar a linha de chegada, Paulo Henrique dizia que gritava feito criança, de tanta felicidade:

"Descemos do carro, abri a bandeira do Brasil que eu guardara durante todo o rally. Tinha acabado a prova mais importante que já fiz na vida. Nela experimentei algo que sabemos, mas nem sempre aplicamos: a vitória está em nós, na nossa força de vontade e fé", finalizou.

De acordo com Paulo Henrique, o Rally Dakar foi o maior desafio de sua carreira como piloto, executivo e ser humano. Fez questão de registrar seu agradecimento e orgulho de contar com uma equipe de apoio tão decisiva para alcançar a realização de seu sonho.

Além da equipe mecânica, Fernando Garcia, carinhosamente conhecido como Fer, tem dado uma contribuição importante ao longo da carreira de piloto de Paulo Henrique. Há mais de vinte anos trabalhando juntos, desde os tempos de Getronics, Fer foi o responsável pelo design e adesivagem dos carros de competição e eventos de marketing dos rallies.

"Trata-se de um verdadeiro anjo da guarda, que, a cada segundo de estresse e risco de desistir, chegava sempre ao meu lado sorrindo: 'Vai lá Paulão, você é guerreiro e vai conseguir. Falta pouco pra chegar lá'", lembrou Paulo.

Atualmente, Fernando Garcia é diretor de produção da Dunas — empresa que cuida de todos os eventos do Sertões e tem como principais acionistas Roberto Medina, fundador do Rock in Rio, e a XP Investimentos.

O rugir dos motores, a vastidão do deserto e a inabalável determinação de dois homens. Paulo Pichini e Lourival Roldan embarcam no rally mais audacioso do mundo, e estas fotos são o testemunho de seu começo heroico. Carro#444

Ao se deparar com o imenso deserto, Paulo Pichini é saudado pelos locais, conhecedores das areias e dos segredos que elas guardam.

Nas curvas da vida

Diante da vastidão ininterrupta do deserto, o infinito parece tangível.
E, mesmo em sua imensidão, a calorosa recepção dos locais nos lembra que,
mesmo nos lugares mais inóspitos, a humanidade floresce.

A simplicidade do acampamento contrasta com a magnitude do desafio que se aproxima. Paulo Pichini, seu carro de rally e a equipe se equipam para enfrentar o impiedoso deserto.

Paulo Pichini adentra o deserto, mas são os olhos experientes dos locais que o guiam.
Uma recepção que sinaliza o começo de uma profunda imersão em sabedoria e tradição.

O deserto ensina lições duras, mas, com determinação, ele supera, e a celebração subsequente é um testemunho da capacidade humana de ultrapassar limites.

Nas curvas da vida

Enquanto Paulo Pichini e Lourival se concentram em sua jornada,
a equipe e a estrutura ao seu redor mostram o suporte e a preparação
que tornam possível enfrentar as gigantescas dunas.

Entre a alegria dos encantadores cenários por onde passou e a adrenalina
de ver as quatro rodas do carro alçando voo, Paulo Pichini vive a magia
e a emoção pura do rally.

Nas curvas da vida

Paulo Pichini e seu navegador Lourival exibem sorrisos vitoriosos após desafiar o deserto, mas seus olhares determinados antecipam os desafios que ainda estão por vir.

Nas paisagens majestosas do deserto, onde a natureza exibe sua grandeza,
o carro de rally se insere, adicionando uma dimensão dinâmica ao espetáculo.

Nas curvas da vida

O deserto testou, desafiou e ensinou. Mas, no final, Paulo Pichini, com sua comemoração fervorosa, mostrou ao mundo a força e o coração do Brasil. Assim encerra-se uma jornada épica.

Ainda naquele ano de 2009, Paulo Henrique participou, ao lado de Kleber Cavalcanti, do Campeonato Brasileiro de Rally Cross Country na cidade de Barretos, e, em 2010, a dupla competiu no Rally dos Sertões, que teve a largada na cidade de Goiânia e a chegada em Fortaleza, no Ceará.

A partir de 2012, após a fundação da Go2next no final de 2011, Paulo Henrique foi se robustecendo nas corridas off-road, graças às inovações tecnológicas que implementava em seu carro e no próprio evento.

Já nesse ano, ao lado do navegador Paulo Simões, o Bomba, ele e a equipe se utilizaram da nuvem para competir no Rally dos Sertões, que comemorou vinte anos de existência. A competição teve início em São Luís, no Maranhão, e terminou em Iguatu, no Ceará.

Em 2013, ao lado do navegador Fábio Pedroso, Paulo Henrique participou pela nona vez do Rally dos Sertões, na cidade de Goiânia; e, em 2014, utilizou novamente uma tecnologia avançada para participar da prova, que também largou da cidade de Goiânia.

Em 2015, nosso piloto se valeu da Internet das Coisas (IoT) para encarar 2.200 km do Rally dos Sertões, entre Goiânia e Foz do Iguaçu, no Paraná, ao lado do copiloto Paulo Simões, o Bomba.

A equipe OffTech da Go2next começou a implementar cada vez mais ferramentas tecnológicas no carro de seu piloto e, a partir de 2015, Paulo Henrique fez de seu veículo uma vitrine de inovação em ambientes hostis. Numa jogada de marketing, idealizou um coquetel de tecnologia no Clube A, do Sheraton São Paulo WTC Hotel, e foi demonstrando como as aplicações IoT e tecnologias *wearables*[42], dinamizaram a sua performance.

---

42 *Wearables* – no sentido literal da palavra em inglês, significa "vestível", e todo e qualquer dispositivo tecnológico que pode ser usado como acessório ou que podemos vestir é um *wearable*. Alguns exemplos são relógios, pulseiras, fones de ouvido, óculos, colares, roupas etc.

No ano seguinte, em 2016, o grande diferencial apresentado por sua equipe de trabalho foi o caminhão TechTruck2Go[43], um verdadeiro arsenal de tecnologia, que atuou como um *data center* móvel do rally. O veículo, de 15 metros de comprimento e suprido com os mais modernos suportes da tecnologia digital, encantou a todos e serviu de modelo para oferecer melhor conectividade ao evento. Seu sócio e COO Murilo Serrano foi quem manteve o caminhão on-line todos os dias, despertando a curiosidade de centenas de pessoas. Alunos de várias escolas das proximidades do Rally também tiveram a oportunidade de conhecer aquele monstro inolvidável da tecnologia. Curiosos ficavam maravilhados, principalmente com as câmeras de segurança e um sistema de reconhecimento dos sentimentos (expressão do rosto). Outro atributo do caminhão era servir como espaço de briefing de todos os pilotos participantes do Rally.

Nesse ano de 2016, Paulo Henrique participou do Rally Cuesta Off-Road na cidade paulista de Botucatu, ao lado do navegador Paulo Simões, o Bomba.

Em 2017, a Go2next "acendeu" o 25º ano do Rally dos Sertões, provendo serviços digitais para 1.700 usuários, entre pilotos, navegadores, mecânicos, visitantes, equipe organizadora do evento e jornalistas.

A base de tudo foi o caminhão TechTruck2Go, que mais uma vez levou o que há de mais avançado em telecomunicações, Internet das Coisas, Digital Signage e videoconferência.

E, das pistas, Paulo Henrique subiu ao pódio, ao conquistar o 3º lugar na categoria T1 Protótipos, a mais concorrida em número de competidores e com carros muito mais rápidos, com motores V8. A equipe da Go2next nunca se esmerou tanto para suprir necessidades desse tipo. E o diferencial se consolidou na estratégia, no

---

[43] O TechTruck2Go, na verdade, começou como um ingênuo caminhão construído em 2006 para carregar, em sua caçamba, os dois carros de corrida de Paulo Henrique e Murilo Serrano, além de apetrechos da corrida, como ferramentas, pneus e peças. Tinha 15 metros de comprimento e nenhuma tecnologia.

profissionalismo e, acima de tudo, na garra no trabalho, segundo o próprio Paulo Henrique. Todas as noites seu carro de número 307 era praticamente reconstruído para encarar os 3.300 km de pistas off-road na manhã seguinte.

No final de 2017, em novembro, surge nova ação do TechTruck2Go, num outro evento de renome mundial: o Grande Prêmio Brasil de Fórmula 1. Em parceria com a Microsoft, a Go2next realizou a chamada imersão tecnológica, no escopo desse caminhão e suas dezenas de dispositivos IoT. Essa parceria proporcionou um avanço desmedido na comunicação e na colaboração digital daquele evento.

Em 2018, Paulo Henrique participou da 21ª edição do Rally dos Amigos na Estância Turística de Barra Bonita, interior paulista, conquistando o 3º lugar, ao lado do navegador Paulo Simões, o Bomba.

Em 2019, a dupla voltou a concorrer, desta vez na 13ª edição do Rally Cuesta, que aconteceu na cidade de Botucatu, também no interior paulista.

No Rally dos Sertões de 2019, os louros não eram menos singulares à participação da Go2next naquele evento. Curiosamente, li uma matéria publicada na internet que me chamou a atenção, não só pela qualidade da informação, como também pelos serviços prestados pela empresa de Paulo Henrique naquele ano. O título da matéria era "Do avião para o caminhão", referindo-se, obviamente, ao TechTruck2Go, que, na prática, era comparado a um avião da tecnologia em terra firme.

Mário Andrada, diretor de comunicação do Rally dos Sertões, explicou que antes de a Go2next começar a oferecer serviços digitais ao longo da trilha off-road, a organização da disputa era obrigada a contratar um avião com combustível para seis horas de voo a um alcance de 500 km, para oferecer serviços digitais ao longo dos trajetos diários, em pleno sertão brasileiro. O avião, segundo ele, servia de antena de rádio.

Na visão de Andrada — ainda de acordo com a matéria — o fato de Paulo Henrique Pichini ser, simultaneamente, líder da Go2next e piloto que enfrenta a trilha do Rally dos Sertões, faz com que a oferta de serviços digitais ao público da disputa seja ainda mais refinada, uma vez que ele vive na própria pele a importância da conectividade durante o rally.

Em 2020, quem se saiu bem no Rally dos Sertões foi a Go2next, mas não o seu piloto Paulo Henrique, que precisou abandonar a prova no quinto dia em razão de problemas mecânicos em seu carro. Das suas dezessete participações, incluindo o Dakar, foi a primeira vez que isso aconteceu em sua carreira de piloto.

A competição foi totalmente reformulada em razão da pandemia e contou com um gesto de extremo altruísmo por parte dos seus gestores. Um contêiner de telemedicina com médicos de São Paulo foi colocado para atender gratuitamente a população carente que, curiosa, acompanhava o movimento dos carros. Em vez de passar por cidades, os pilotos foram direcionados para esses locais, mais isolados e carentes, denominados "bolhas"[44], onde eram distribuídas cestas básicas à população.

"Nosso time projetou, testou, implementou e monitorou os ambientes digitais das oito "bolhas" do Sertões 2020, numa empreitada desafiadora, mas muito satisfatória, já que conseguiu "acender" as bolhas e colocar em operação as soluções dos fabricantes que nos patrocinaram", explicou Pichini.

Nas redes sociais, ele fez um agradecimento especial a todos os seus colaboradores e parceiros nessa jornada, lembrando ainda a participação efetiva do caminhão *data center* TechTruck2Go.

---

44 O termo bolha surgiu nos Estados Unidos por ocasião do campeonato de basquete da NBA (National Basketball Association), prestes a não ser realizado em razão da pandemia de covid-19. Os dirigentes fecharam contratos com vinte hotéis, com quadras, e nenhum atleta poderia sair dali após ser confirmado, na entrada, com teste negativo da doença. Essa zona restrita de isolamento permitiu a continuidade da competição.

O Rally dos Sertões adotou esse conceito americano no qual as bolhas garantiam toda a segurança do evento. Somente dentro delas é que os pilotos, após confirmação do teste negativo para a doença, podiam andar, comer, tomar água, conversar etc. Após a largada, não poderiam mais sair do carro, exceto quando chegavam a essas bolhas.

A largada ocorreu na cidade de Mogi Guaçu, em São Paulo, no dia 31 de outubro, e terminou em Barreirinhas, no Maranhão, em 7 de novembro, depois de cruzar outros três estados: Minas Gerais, Goiás e Tocantins, além do Distrito Federal, em um trajeto de quase 5.000 km.

Crianças da região conhecem as inovações do caminhão TechTruck2Go.

Um dos carros do piloto Paulo Pichini e, ao fundo, o TechTruck.

Cada Rally dos Sertões é uma história, e o de 2021 também teve as suas peculiaridades. Essa 29ª edição do evento aconteceu entre os dias 13 e 22 de agosto, num roteiro totalmente nordestino, passando pelos estados do Rio Grande do Norte, Paraíba, Pernambuco, Piauí, Bahia, Alagoas e Ceará.

Fala-se que foi uma prova altamente exigente e, ao mesmo tempo, deslumbrante, com visuais nunca vistos, como o entorno do rio São Francisco, os cânions, as caatingas, um verdadeiro sertão de todo tipo de pedras e a belíssima Serra da Capivara, no Piauí, patrimônio mundial da Unesco.

Como sempre, Paulo Henrique atuou em duas vertentes: como piloto, em seu veículo 4×4 na categoria Protótipo e como líder da Go2next Digital Innovation, que vem surpreendendo, a cada ano, os participantes, com suas inovações de conectividade. Desta vez, o Rally dos Sertões contou com três links de internet, graças ao emprego de satélites HughesNet, ISPs e redes 3G e 4G. Foi possível transmitir programas e boletins ao vivo direto das trilhas e ainda marcar um gol de placa nesses ambientes de rede, pois foi o primeiro rally do mundo a transmitir *lives* em todas as etapas do evento.

Também estava presente o caminhão TechTruck2Go, que opera em redundância com o *data center* da organização dos Sertões, que escolheu a Go2next como a provedora de serviços digitais oficial em regiões inóspitas do Brasil.

Paulo Henrique fez um agradecimento especial à sua equipe, que teve à frente seu sócio, Murilo Serrano, Vinicius de Simoni, Filipe Santos e Rodrigo Guimarães dos Santos, além, é claro, do time que permaneceu em São Paulo, lutando e apoiando todo esse trabalho.

Entre um perrengue aqui e outro acolá, Paulo Henrique e seu navegador Paulo Eduardo Cardoso Simões, o Bomba, não se esquecem da hospitalidade do povo sertanejo, em especial de uma família que os acolheu em sua casa.

"Enquanto esperávamos apoio, esse sertanejo nos levou à sua casa, ofereceu água e comida e mostrou a sua fábrica de tapioca. Recebi uma aula de como fazer a farinha de tapioca naquele ambiente simples, rústico, mas com muita solidariedade. Para mim, esse foi o Rally dos Sertões da hospitalidade", declarou.

Parece até que a dupla se esquecia dos problemas enfrentados e levava adiante o seu propósito de chegar ao destino final, na praia de Tamandaré, em Pernambuco.

Quando estavam a apenas 80 km da etapa final, o pior aconteceu:

"Justamente nessa hora perdemos o motor. O carro foi praticamente empurrado na rampa de chegada por mim, Paulo Bomba e toda a equipe Go2next Rally Team. Foi um momento de pura superação que os 'Sertões' sempre exigem: garra, resiliência e paixão. Foi com tudo isso no coração que chegamos à final" concluiu o piloto Pichini do carro 307.

EM 2022, O MAIOR RALLY DO MUNDO

Por coincidir com o bicentenário da Independência do Brasil, os organizadores do Rally dos Sertões não poderiam escolher lugar melhor do que o Museu Paulista, ou do Ipiranga, como é mais conhecido em São Paulo, para o lançamento desse evento que completaria seus trinta anos, considerado o maior do mundo.

Um dia antes do início da prova, 26 de agosto de 2022, aconteceu o prólogo, para tomada de tempo, no município paulista de Foz do Iguaçu, e onde se deu a largada, no dia seguinte, 27, sábado.

"Vamos fazer desse evento um tributo ao nosso país", disse, na ocasião, o CEO dos Sertões, Joaquim Monteiro.

Além do cunho social que todo rally apresenta, com carretas equipadas com ultrassom, raio X, UTIs, consultórios médicos para realização de consultas, exames e até cirurgias para atendimento à população carente, a prova ficou intrinsecamente ligada ao bicentenário da nossa independência.

Das catorze etapas em disputa, cada uma delas levou um nome alusivo ao Hino da Independência, dentro das características de cada trecho percorrido. A etapa um, por exemplo, de Foz do Iguaçu a Umuarama, no estado do Paraná, foi chamada de Florão da América, por largar colada na tríplice fronteira entre Brasil, Paraguai e Argentina sob os ventos de uma das Sete Maravilhas da Natureza e Patrimônio da Humanidade, as cataratas do rio Iguaçu.

A etapa dois, entre Umuarama e Presidente Prudente, recebeu a denominação de Braço Forte, seguida da etapa 3, chamada de Formoso Céu, e assim por diante, como Margens Plácidas, Não foge à luta, Filhos deste solo etc.

Se a 29ª edição do Rally dos Sertões de 2021 ocorreu num ambiente totalmente nordestino, a 30ª prova, em 2022, foi um verdadeiro marco na história dessa competição. Cortou oito estados do Brasil, começando por Paraná, onde se deu a largada em Foz do Iguaçu, seguindo por São Paulo, Mato Grosso do Sul, Mato Grosso, Tocantins, Piauí e Maranhão, até a chegada em Salinópolis, no Pará, no dia 10 de setembro.

Esse percurso do Sul ao Norte, entremeando os mais diversos biomas, dunas, cachoeiras e fervedouros, como os da região ecoturística do Jalapão, no Pará, alcançou a cifra recorde de 7200 km, dos quais 4800 somente de trechos cronometrados. Para se ter uma ideia, o percurso por estrada do Oiapoque ao Chuí, dos extremos norte e sul do país, é de pouco mais de 6500 km.

Infelizmente, Paulo Henrique precisou abandonar a prova depois de percorrer dez etapas das catorze que compõem o rally. Justamente no dia 7 de setembro, na 11ª etapa, entre Bom Jesus, no Piauí, e Balsas, no Maranhão, seu carro 307 ficou nas mãos dos mecânicos. Foram 36 horas de labuta para troca de motor.

"O carro foi muito bem preparado pela equipe do Spinelli e estávamos indo muito bem, entre os dez primeiros na geral e alcançando o 2º lugar na primeira metade da prova, mas rally é imprevisível e, infelizmente, aconteceu isso com a gente", disse, visivelmente constrangido, Paulo Henrique, ao lado de seu navegador Paulo Simões, o Bomba.

A dupla estava superanimada na competição, graças ao novo carro, uma picape Triton L200 com motor V-6 Turbo Diesel, de competição, importada de Portugal. O veículo vinha sendo preparado há um ano pela experiente equipe Spinelli Racing, em Mogi Guaçu. Os pneus BFGoodrich, igualmente de competição, também foram importados. Paulo Henrique conquistou o 4º lugar na categoria Protótipo.

Quem se deu bem, mais uma vez, foi a sua empresa Go2next, na área da tecnologia da informação.

Já em Salinópolis, onde foi para acompanhar o término da competição, ele parabenizou a atuação dessa equipe, que, na sua visão, deu um verdadeiro show.

A estrutura da conectividade em todos os trechos do rally foi feita não só pela Go2next, versada na distribuição e no gerenciamento da rede de dados e segurança, como também da Prime Field, empresa de internet satelital.

O caminhão TechTruck2Go, já mostrado em capítulos anteriores, novamente atuou como um *data center* da prova e, também, serviu de briefing aos pilotos participantes.

Paulo Henrique fez questão de agradecer a todos que o acompanharam nessa jornada e prometeu preparar melhor o carro para o próximo ano, quando completará vinte participações nas pistas off-road.

"O Rally fica cada vez mais exigente, desafiador e cheio de emoções. Não dá para desistir... nunca", finalizou o empresário piloto.

Em 29 anos de Sertões, já foram percorridos 184.000 km, distância equivalente a quatro voltas completas na Terra.

RALLY/EMPRESA

No início era um hobby, mas o rally se transformou, para Paulo Henrique, num poderoso instrumento de marketing corporativo e de relacionamento.

Em palestras específicas de rally/empresa, ele sempre traçou um paralelo entre as duas atividades, colocando, obviamente, toda a parafernália tecnológica em ambos os campos, mostrando como isso tudo minimiza a ansiedade, aprimora o ambiente de trabalho, contribui para a superação de obstáculos e ameaças tão comuns às duas vertentes, além de propiciar melhoras na qualidade de vida.

Traçando um paralelo entre rally e empresa, ele dizia que o piloto seria o CEO ou o CIO; o navegador, o equivalente a gerentes e diretores de TI; e a equipe de apoio, por sua vez, o pessoal operacional.

"O navegador é responsável por ler a planilha do percurso da prova, interpretar diversos indicadores, como pressão, óleo, temperatura, rotação do motor, além de decidir, instantaneamente, a medida a ser tomada pelo piloto. Para os diretores e os gerentes de TI, a regra é a mesma: as decisões devem ser tomadas o mais rápido possível", disse.

Paulo Henrique deixou sempre patente que o seu dever de piloto é levar, continuamente, uma mensagem ao mercado corporativo, pois o estresse vivido no rally, como se denota, é muito parecido com o trabalho que executa em sua empresa. São dois mundos paralelos que envolvem ansiedade, competência, determinação e muita luta.

No rally, segundo ele, assim como no mercado corporativo brasileiro, "vencer significa trabalhar a partir de soluções inteligentes que realmente sirvam de diferencial, aumentando a velocidade e a eficiência do ambiente".

Trabalhando há mais de 35 anos na área da informática, Paulo percebeu que essa interação rally/empresa melhorou muito há cerca de quinze anos, quando, efetivamente, entrou nas provas "fora de estrada" e, em especial, no Dakar. Tornou-se um marketing propriamente dito, pois em todas as reuniões, encontros ou palestras, ele personifica uma espécie de astro, uma vez que as pessoas o questionam sobre a corrida, as facetas da prova, a tecnologia de ponta que utiliza em seus veículos, enfim, toda a atmosfera que circunda um evento dessa envergadura. Sempre bem colocado nas competições, acaba virando o assunto do momento em qualquer acordo do mercado empresarial, uma espécie de *couvert* nesses assuntos profissionais.

O mais interessante disso tudo é que a obstinação do piloto, do navegador e da equipe contribui sobremaneira para um panorama de desvelo, curiosidade e autorrealização, uma vez que não corre nenhum numerário nessa disputa, ao contrário da corrida empresarial.

"Pelo que se gasta de dinheiro, além de treino e tempo, deveria haver um prêmio de milhões de reais ou dólares aos primeiros colocados, mas os participantes, apesar de todo afinco, sabem que vão ganhar apenas uma medalha ou um troféu na final", disse Paulo Henrique. Entretanto, assegura que o valor é incomensurável para todos.

"A alegria é contagiante, e o dinheiro já não é o mais importante, pois quem fica com ele são os contemplados de sempre, a organização do evento, os fabricantes dos veículos da prova e, principalmente, as cidades anfitriãs, que ganham muito movimento na economia local", observou.

O Rally dos Sertões funciona também como um catalisador de ações sociais voltadas para os sertanejos nas áreas de medicina, educação e inclusão social e digital promovidas por empresas privadas.

"Nós estamos sempre contribuindo. Em 2010, realizamos o Pedala Sertão, levando material escolar e higiene pessoal, e, no ano passado, apoiamos o Rally da Educação, tecnicamente e com transporte, com o Caminhão TechTruck", disse Pichini.

O Rally da Educação é um movimento liderado por Rodrigo Matos, membro do instituto Alpha Lumen, de São José dos Campos, que tem como objetivo aprimorar o processo de ensino e aprendizagem usando a inovação como ferramenta para combater a evasão escolar nas comunidades.

Duas décadas no Rally dos Sertões: uma jornada que testemunhou a transformação e a evolução contínua dos carros, refletindo o espírito de inovação do esporte.

Carlos Gati

Junto ao Murilo Serrano, uma parceria que transcende as pistas. Amigos na vida, sócios nos negócios e companheiros incansáveis nos rallys, unidos por uma paixão e determinação inabaláveis.

Nas curvas da vida

Num piscar de olhos, o inesperado acontece no Rally dos Sertões: uma capotagem que deixa todos de olhos arregalados.

Nas imagens que se seguem, a equipe se mobiliza, mostrando determinação para superar os obstáculos e continuar a corrida.

Nas curvas da vida

A revolução sobre rodas: a Evoque preparada marca sua presença, saltando pelas paisagens do Brasil, tornando-se o protagonista de imagens de tirar o fôlego.

Carlos Gati

No coração do Sertões, Paulo Pichini, com seu navegador Paulo "Bomba", enfrentou terrenos desafiadores, mas sempre encontrou conforto no apoio fervoroso da nova geração de entusiastas locais.

O ano de 2023 sinaliza o início de uma nova era para Paulo Pichini e sua equipe. Em destaque, a Mitsubishi Triton totalmente renovada: com um motor avançado, suspensão aprimorada e um design robusto.

Nas capturas visuais deste livro, um tema ressoa: o poder indomável de uma equipe que é, acima de tudo, uma família unida. Com filhos, esposa e amigos ao seu lado, cada desafio é enfrentado com determinação coletiva.

O Rally dos Sertões é mais do que uma corrida, é uma prova de resistência e determinação. E, enquanto a celebração marca o final de uma etapa desafiadora, as fotografias mostram o verdadeiro segredo do sucesso: o suporte incondicional da equipe e da família — um privilégio que poucos desfrutam.

CAPÍTULO VIII

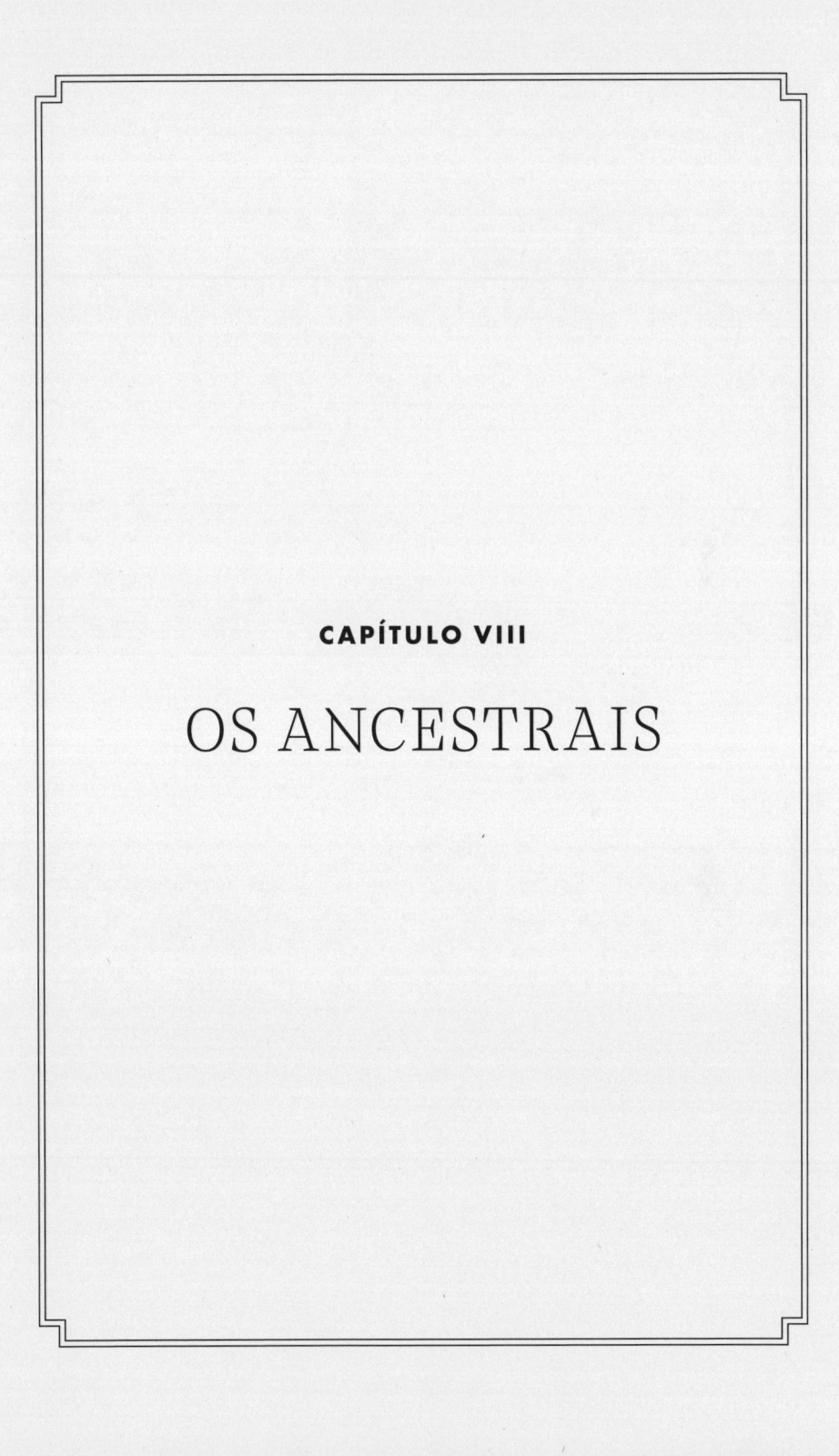

OS ANCESTRAIS

Paulo Pichini, avô do biografado, nasceu no navio que trazia imigrantes da Itália para o Brasil no início do século XX. Sabe-se lá como foi esse parto e o decorrer desse longo percurso.

Muitos historiadores e escritores contam a saga desses imigrantes que viviam um verdadeiro inferno nas travessias do Atlântico. A título de curiosidade, cito um deles, Celso de Campos Jr., que biografou a vida do consagrado artista brasileiro Adoniran Barbosa. Ele relata em seu livro, *Adoniran, uma biografia*, que os pais dele, Ferdinando e Emma Rubinato, desembarcaram no Brasil na última década do século XIX, no ano de 1895, mais ou menos na época da viagem do pai de Mário Pichini. Diz o autor que o período de três semanas ou um pouco mais de travessia, em terceira classe, parecia ser interminável. Pessoas amontoadas nos porões e no convés, em precárias condições de higiene, com alimentação racionada, em condições sub-humanas, viviam aquele drama em meio à proliferação de doenças e mortes ocasionais, principalmente das crianças. A cena de cadáveres jogados ao mar era um dos espetáculos mais terríveis a que um ser humano podia assistir.

Em julho de 1886 — acrescenta o autor — com o auxílio do governo de São Paulo, foi criada a Sociedade Promotora de Imigração paulista, espécie de agência responsável por trazer, exclusivamente, trabalhadores livres para o estado. Seu presidente, Martinho Prado Jr., contou com o apoio do governo italiano, que começava a se sentir ameaçado por algumas revoluções isoladas, motivadas pela pobreza gritante dos camponeses e operários. Para eles, o melhor era empacotar esse perigo em um navio e descarregá-lo na América.

Curiosamente, décadas mais tarde, esse ambiente imigratório foi palco de vivência para o filho do imigrante, Mário Pichini, pai do biografado, quando, por razões do trabalho que exercia na época, tinha que buscar lá imigrantes.

"Lembro-me de quando meu pai ia às cinco horas da manhã buscar imigrantes que chegavam de trem na estação da Luz", disse Cynthia, primogênita, que nasceu no Brás em 1963.

Os pais de Mário Pichini, como os demais imigrantes italianos, foram trabalhar em lavouras de café no interior do estado de São Paulo. Até que deram sorte, porque foram designados para uma fazenda localizada em Sorocaba, cidade com cerca de vinte mil habitantes e situada a uns 80 km da capital paulista. Paulo Pichini viveu toda a sua infância ali e, na adolescência, conheceu Maria Godoy, com quem se casou e teve apenas um filho, Mário Pichini, pai do biografado, que nasceu em 4 de maio de 1935, mas foi registrado somente no dia 27 do mesmo mês, só que dois anos mais tarde, em 1937. Naquele tempo, morando na roça e vivendo em precárias condições, não era comum o trabalhador ir até a cidade para qualquer outra atuação que não fosse à procura de serviços médicos, de modo que os registros cartoriais das crianças eram postergados.

Mário teve uma infância muito difícil, pois seu pai abusava de bebida alcoólica e acabou morrendo de câncer muito cedo; sua mãe, que era muito doente, vivia em hospitais psiquiátricos, vítima de uma perturbação mental de difícil diagnóstico naquela época.

Sozinho no mundo, Mário Pichini teve a sorte de ser convidado por um conterrâneo a tentar a sorte na cidade de Assis, no oeste paulista, onde arrumou emprego na empresa automotiva americana Studebaker[45].

---

[45] A história da marca Studebaker começa em South Bend, cidade sede do Condado de St. Joseph, no estado de Indiana, nos Estados Unidos, com os irmãos Studebaker, que fabricavam carruagens, carroças e equipamentos desde 1852. Em 1902, meio século depois, eles passaram a produzir automóveis elétricos,

Palmeirense de carteirinha, Mário Pichini gostava muito de futebol e jogava na Ferroviária de Assis, onde fez muitos amigos e começou a dar sentido à vida. Sempre procurando por algo melhor, passou no concurso para a guarda civil, quando conheceu o grande amor de sua vida, Maria Vicentina da Silva, carinhosamente chamada por Nina.

Não demorou muito e Mário começou a frequentar a casa de sua namorada. Os pais dela, Manoel da Silva e Carmela Gagliardi da Silva, conheceram-se e se casaram em Santo Anastácio, município com pouco mais de vinte mil habitantes situado no extremo oeste do estado de São Paulo, onde a Nina nasceu, no dia 16 de maio, também do ano de 1935.

O curioso é que o "seu" Manoel, tintureiro dos mais requisitados da cidade, não gostava muito de polícia e, assim que Mário batia na porta, sempre fardado, ouvia lá de dentro uma voz que ecoava por toda a casa:

"Nina, o meganha chegou".

Mário Pichini, então guarda municipal.

---

que logo ganhariam motor a combustão. Nos anos 1930 a 1950, a Studebaker foi uma importante fábrica de automóveis e utilitários nos Estados Unidos. Revolucionou o mercado na década de 1950 com a produção de carros e camionetes sofisticados, mas encerrou suas atividades em meados da década de 1960.

Fingindo não ter escutado, Mário entrava e cumprimentava a todos, dona Carmela, a futura sogra, o cunhado Rubens, que herdou a profissão do pai de tintureiro, e sua querida Nina. A casa, de madeira, ficava bem no centro da cidade, na rua Capitão Francisco Rodrigues Garcia, 752. O terreno era grande, com muitas árvores frutíferas e um gramado bem em frente à residência, onde Rubens complementava os seus serviços de lavagem e secagem de tapetes e outras roupas especiais.

Em dezembro de 1958, Mário e Nina resolveram se casar e mudar radicalmente de vida: sair de Assis e rumar para São Paulo, um sonho de todo jovem que almejava uma vida melhor.

O começo foi muito difícil, quando o casal, na faixa dos 23 anos, foi morar em um bairro bem pobre da Vila Carrão, na zona leste da capital paulista. Nina, que fazia corte e costura em Assis, passou a trabalhar nessa mesma atividade em São Paulo, também em casa. Enquanto Mário, sempre afeito a leituras e com um gosto irredutível pelas questões políticas do país, prestou e passou em um concurso público no Serviço de Imigração do Estado de São Paulo, quando então mudaram-se para o Brás, perto do centro da capital. Seu novo emprego ficava perto dali, no vizinho bairro do Cambuci. Depois de um certo tempo, como lembrou sua filha Cynthia, passou definitivamente para o Cetren — Central de Triagem e Encaminhamento (criada em março de 1972 pelo então governador Laudo Natel) e funcionava 24 horas por dia, inclusive aos sábados, domingos e feriados O grande contingente nordestino e da região Sudeste, com exceção do estado de São Paulo, chegava, na maioria das vezes, às segundas, quartas e sextas-feiras à noite, no chamado "trem baiano".

Aliás, "baiano" era uma alcunha pejorativa dada a todos os migrantes que vinham do Norte e Nordeste do país, fossem eles de Sergipe, Alagoas ou da própria Bahia.

O historiador Marco Antonio Villa, em seu livro sobre a migração nordestina para São Paulo, sob o título de *Quando eu vim-me embora*, descreve que, se hoje a hostilidade contra os "baianos" é quase nula, nas décadas de 1950 e 1960 era muito diferente. "Baianada" foi sinônimo de burrice, assim como a expressão "parece baiano" possuía um amplo significado, sempre depreciativo, indo desde a forma de se vestir, passando pela de se comportar e até de agir.

Paralelamente ao serviço público, Mário Pichini conseguiu uma vaga num dos jornais do grupo *Folha de S.Paulo*, o *Notícias Populares*, comandado pela equipe do então jornalista Ramão Gomes Portão. Passados alguns anos, essa mesma equipe demitiu-se do grupo *Folha* para fundar o *Jornal do Dia*, no Bom Retiro, sede do jornal *O Dia*, que circula até hoje. Foi nessa ocasião que nos conhecemos. Havia uma certa simetria entre os jornais *O Dia* e *Notícias Populares*, ambos focados em fatos sensacionalistas, especialmente no âmbito policial.

No local de trabalho há todo tipo de gente, os chatos, os simpáticos, os bajuladores, os egocêntricos e por aí afora.

Mário Pichini não se enquadrava em nenhum desses perfis. Era um sujeito quieto, inteligente, introvertido, observador, alheio a rodinhas de papo-furado e avesso às diretrizes patronais. Sempre se postou resolutamente contra as injustiças de toda ordem, batendo de frente contra aqueles que, supostamente, espoliavam o trabalhador e indignava-se com a subserviência de colegas. Crítico e de esquerda, antiamericanista ferrenho, era integrante e assíduo frequentador do Sindicato dos Jornalistas Profissionais no Estado de São Paulo.

Paralelamente ao serviço público, Mário Pichini era também jornalista num dos jornais do grupo Folha de S. Paulo, o *Notícias Populares*.

O jornal *O Dia*, onde trabalhávamos, foi fundado no tempo da Revolução Constitucionalista de 1932, pelo ex-governador de São Paulo Adhemar de Barros. Na década de 1960, passou a pertencer a uma família oriunda de Piraju, interior paulista, onde este escriba passou a infância e a juventude, tendo convivido com alguns dos donos do jornal. Sendo assim, a amizade entre Mário e eu demorou um pouco para fluir porque ele me identificava com os proprietários do jornal. Lembro-me, neste momento, da sua profunda aversão ao patronato. Entretanto, isso logo foi quebrado no dia a dia de nossa convivência.

Numa época triste de ditadura militar, ele dizia, a boca pequena, que se considerava um anarquista, do tipo *"si hay gobierno, soy contra"*. Obviamente, uma utopia, mas que espairecia a mente de alguém que estava farto de tanta injustiça e ingovernabilidade em nosso país.

No início da década de 1970, Mário Pichini trabalhou como revisor de provas no *Diário Oficial do Estado de São Paulo*.

Aqui, abro um parêntese para relatar o grau de amizade que existia entre o Mário e eu, a pedido do próprio biografado.

Mário estava sem emprego na época e eu trabalhava como locutor da Rádio Record e, por sorte, narrava os comerciais de um programa comandado por Wandick Freitas, que era, nada mais nada menos que o superintendente da Imprensa Oficial do Estado de São Paulo.

Certo dia ele me perguntou quanto ganhava e, após minha resposta, disse-me que a Imprensa Oficial estava fazendo testes para revisores e que o salário era mais que o dobro do que eu recebia na Record. Imediatamente, lembrei-me do Mário, também jornalista, empenhadíssimo na formação dos filhos, e expliquei-lhe a situação difícil do meu amigo, que estava desempregado e com duas crianças pequenas para criar.

O superintendente me ouviu e disse-me para irmos fazer o teste e, depois de alguns dias, ligar ao seu gabinete para saber do resultado.

No dia da prova, estávamos nós dois numa saleta, sob os olhos vigilantes de uma monitora, quando, de repente, apareceu o Sr. Wandick e disse à funcionária:

"Deixe-os à vontade, senão não preenchemos o quadro."

Aí ficamos bem à vontade, e como eu já tinha a prática de revisor de provas em jornal, não foi difícil socorrer o meu amigo.

Passados alguns dias, liguei ao gabinete do superintendente e recebi a seguinte resposta:

"Você passou."

"Sr. Wandick, e o amigo de quem lhe falei? Estou até disposto a dar minha vaga a ele, se for possível, já que sou novo e estou empregado. Ele não passou?"

"Aguarde na linha que vou averiguar", disse-me ele.

Passados longos cinco ou dez minutos de ansiedade, não me lembro, veio a resposta:

"Tudo bem. Vocês passaram."

A alegria foi esfuziante!!!

À noite, Nina, amiga e conselheira de minha mulher Agnes, fez um verdadeiro banquete de comemoração, em que Mário e eu até charuto experimentamos naquele dia.

Mário Pichini trabalhou na Imprensa Oficial do Estado até se aposentar, mas algum tempo depois voltou à ativa, trabalhando com o próprio filho na Connect Systems.

Quando surgiu o Partido dos Trabalhadores (PT), em março de 1980, ele se entregou de corpo e alma ao trabalho nesse partido político, mostrando com garbo sua carteirinha de filiação, seguindo religiosamente as orientações do partido ao longo de toda a sua vida.

Os tempos mudaram, Mário faleceu no dia 15 de março de 2002 e, sinceramente, não sei se hoje o meu amigo seguiria a mesma cartilha. Tanto ele como a sua esposa Nina, que faleceu no dia 25 de dezembro de 1998, foram enterrados no Cemitério da Paz, no Morumbi, na cidade de São Paulo.

Maria Vicentina, a Nina, foi uma pessoa dócil e muito amiga. Sua presença foi marcante principalmente na vida de minha mulher, Agnes, que fez questão de deixar registrada uma menção a ela neste livro.

MILAGRES QUE SE MATERIALIZAM RECHEADOS DE GRATIDÃO E AMOR...

Encontros de alma e de uma vida!

Tenho guardado durante anos uma gaveta de memórias cheia de lembranças mais que preciosas... E, hoje, estou tendo a oportunidade de dar visibilidade a esses diamantes que guardei com muito carinho. É por essa razão que vou abrir bem devagarzinho só para brilhar e destacar a lembrança dessa amiga linda que me foi muito especial nos momentos mais delicados e sofridos.

Assim foi a inesquecível e doce Nina... mãe maravilhosa do Paulo Henrique e da Cynthia, que mesmo na Luz ilumina todos os dias os meus pensamentos, e que agora, neste exato momento, só faz aumentar a minha imensa saudade...

Mário, Nina e a grande amiga Agnes Gati, em celebração da amizade!

Essa doce loira italiana dos olhos da cor do mar eterno e brilhantes me marcou muito.

Ah, Vicentina, ah, Nina, você foi a minha primeira amiga nesta imensa e assustadora cidade de concreto, quando aqui cheguei. Vim, como você, de uma cidadezinha do interior, cheia de sonhos e medos. Imediatamente nos identificamos como almas gêmeas, parecíamos irmãs!

Impossível esquecê-la, você foi a minha luz e a minha força enquanto estivemos juntas! Quantas confidências, pacientemente, você ouviu, e quantas orientações sinceras e carinhosas me ofereceu.

Não poderia deixar de registar também a lembrança de seu companheiro e muito amigo nosso de todas as horas e dias em que estivemos juntos, o querido Mário Pichini, adorador de músicas clássicas e românticas, uma das quais nunca esquecemos, cantada pelo trio Los Panchos, "La história de un amor". Aliás, tivemos a felicidade de assistirmos juntos ao show ao vivo desse trio mexicano aqui em São Paulo, nos anos 1990.

Os meus olhos de saudades tentam ultrapassar as barreiras do invisível, só para espiar, pelas frestas da eternidade, esses dois amigos bem juntinhos e na luz. É essa a imagem de amor que ficou guardada em minha memória.

Um casal inesquecível, encantador. Vimos crescer e acompanhamos a exímia educação que dedicaram aos seus filhos, Paulo Henrique e Cynthia — dois seres que até hoje preservam a educação primorosa que receberam em suas trajetórias de vida.

Amigos guardados para sempre são assim... um milagre do amor que ficou eterno nessa imensidão de fortes lembranças!

VIAGENS, UM SONHO SEMPRE PRESENTE

Na década de 1970, Mário Pichini comprou o seu primeiro carro, um fusca azul ano 1968, quando então passou a viajar mais com a família, principalmente para a cidade de Assis. Dificilmente o casal deixava de passar um Natal com a vovó Carmela e o tio Rubens naquela cidade. Paulo e Cynthia eram pequenos e riam, deliciosamente, das histórias fantasiosas contadas pelo seu tio.

"Meu tio, que gostava de uma pinguinha e de uma cerveja, levava a vida em chacota. Eu ia levar e buscar roupas para ele", lembra o Paulo Henrique que, juntamente com a Cynthia, passavam quase todas as férias em Assis.

"Um cliente dele trouxe um tapete para ser lavado a seco e, assim que o gajo saiu, ele estendeu o tapete no gramado e chamou a plateia: 'venham ver a lavagem a seco do titio'. Ligou o esguicho e, sob risadas, encharcou a peça com água e sabão", prosseguiu ele.

"Pois é, essa era a famosa lavagem a seco do meu tio", ironizou Paulo, não escondendo o sorriso, bem alegre, ao se lembrar das peripécias do tio Rubão.

Não se esquece, no entanto, que foi ele quem lhe deu o primeiro violão de sua vida, um Di Giorgio, comprado com todo sacrifício, em 24 prestações, sem entrada.

"O curioso nessa história é que o tio Rubão me levava para tocar para os amigos dele no boteco e, cada música que eu executava, era uma cerveja pra ele e um sorvete ou sanduíche pra mim", lembrou com graça.

Naqueles bons tempos, não existiam cinto de segurança e muito menos cadeirinha para crianças viajarem no banco de trás do veículo. Paulo Henrique e Cynthia iam soltos atrás, fazendo a maior festa, brincando e brigando até o sono chegar e dar um pouco de sossego aos pais.

Eu, este escriba, casadinho de novo com a Agnes e, também, possuidor de um fusca azul 1968, interagíamos muito com o casal Mário e Nina, e empreendemos juntos muitas viagens com essa família. Paulo se lembra muito bem de quando íamos a Santos e ficávamos cantando e tocando violão na praia. Às vezes dormíamos por lá, em alguma quitinete alugada. Entre outras viagens, além de Assis, rumamos muitas vezes para Teresópolis, no Rio Janeiro, onde residiam meus pais Nelo e Odete, amicíssimos do casal Pichini.

Um dos passeios que mais marcou Paulo Henrique foi quando fomos de ônibus para Campos do Jordão. A viagem se tornou inesquecível não só pelo fato de termos ido de ônibus, mas também pelos passeios de trenzinho e o famoso teleférico, muito apreciado por turistas da cidade.

A CHÁCARA, O CANTINHO MEMORÁVEL

No final da década de 1990, mais precisamente no dia 22 de junho de 1998, Paulo Henrique comprou uma pequena chácara no bairro Campo Largo, em Porto Feliz, a 100 km da cidade de São Paulo, e a colocou no nome do pai, um presentão de primeira grandeza. Quase todos os finais de semana, a família e amigos se dirigiam até aquele pedacinho de terra, de apenas 300 metros quadrados, mas de um astral fantástico, que foi palco de muitas festas, aniversários e tantas outras comemorações.

A casa, pequena, com apenas dois quartos, tinha um terceiro que Mário apelidou de Cetren, dada a sua extensão de uns 10 metros, o maior da casa, com redes enganchadas em pilares e colchões espalhados pelo chão, onde a criançada dormia. Dependendo do número de convidados, muitos adultos também dormiam ali, ao lado das crianças.

Quando Paulo Henrique comprou a chácara do casal Jonas Tassignon e Neusa Aparecida Antunes Tassignon, nunca imaginou que seu pai, Mário, não fosse legalizar a documentação.

Após o falecimento do pai, Paulo Henrique quis vender a propriedade e viu que o imóvel não tinha escritura registrada. Procurou o antigo proprietário, que lhe forneceu a escritura e um monte de afazeres burocráticos para legalizar a situação.

"Eu gosto das coisas certas, e o fato é que já gastei mais do que a chácara valia" ironizou o Paulo Henrique.

Mas o imóvel continua lá, inquieto, solitário, e certamente triste, à espera de alguém, ou de um novo dono, para voltar a ter vida.

EPÍLOGO

A leitura de qualquer livro tem seus incontáveis atributos, mas um dos mais relevantes, principalmente o de uma biografia como esta, é transmitir uma mensagem, particularmente aos jovens, pela relevância da experiência. Afinal, o nosso personagem foi uma figura que cresceu na vida partindo do nada, e deixou um legado exemplar. Assim conhecemos pessoas obstinadas, que traçam um futuro pela frente e não desistem nunca de suas metas, por mais que sejam difíceis os obstáculos que enfrentam. De todos, o mais inquestionável desses atributos é o legado que acabam por deixar para futuras gerações.

Entendendo que vivemos num mundo marcadamente desigual, cujos jovens padecem dessa desigualdade, carência e precariedade, Paulo Henrique voltou os olhos para essa discrepância e dedicou muito de seu tempo, como vimos em sua biografia, a incentivar jovens no âmbito de suas palestras.

Lembremos ainda do seu trabalho como voluntário na ONG Junior Achievement, do município de São Paulo, onde transmite a alunos do ensino médio todo o seu conhecimento e experiência ao longo de sua carreira. Nunca se recusou a participar do mais ousado programa dessa entidade intitulado "Sombra do Executivo", em que o aluno deixava a escola e passava o dia todo com ele, desde o café da manhã até as mais altas reuniões de que participava.

Afeto, competência e solidariedade sempre foram os quesitos fundamentais dessa organização social que escolhe executivos, igualmente competentes, para incentivar e dignificar a vida dos jovens.

Devolver um pouco para a sociedade brasileira do que conquistou é uma atitude que deve ser escrita com letras de ouro na consciência humana. Deveria ser um paradigma para todas as pessoas. Espero que este trabalho possa trazer alguma contribuição nesse sentido.

É oportuno colocar aqui uma observação do jornalista, professor e escritor brasileiro João de Scantimburgo[46]:

"O gênero biográfico é, sem dúvida nenhuma, fascinante. Tomar uma vida e acompanhá-la pelos caminhos do tempo, segui-la em sua ascensão, em sua queda, em sua glória, em sua desventura, nos malogros que a ferretearam, nos êxitos que a galardoaram, equivale a uma viagem maravilhosa. Não importa que seja muito grande, como César, Napoleão, Luís XIV, Lincoln, Churchill, De Gaulle e outros. Importa que tenha deixado um rastro no mundo, um sulco por onde transitem outros."

---

46 João de Scantimburgo foi integrante da Academia Brasileira de Letras e também da Academia Paulista de Letras. Nasceu em Dois Córregos, São Paulo, em outubro de 1915, e faleceu em março de 2013.

BIBLIOGRAFIA

ASHTON, K. *A história secreta da criatividade*. Trad. Alves Calado. São Paulo: Sextante, 2016.

BAHIANA, A. M. *Almanaque 1964* – Fatos, histórias e curiosidades de um ano que mudou tudo (e nem sempre para melhor). São Paulo: Companhia das Letras, 2014.

CAMPOS Jr., C. *Adoniran, uma biografia*. 2.ed. São Paulo: Globo, 2010.

CASTRO, R. *Carmen*. São Paulo: Companhia das Letras, 2005.

DEARLOVE, D. *Negócios ao Estilo Bill Gates*. Trad. Luiz Frazão Filho. Campinas: United Press, 2000.

DEARLOVE, D. *O estilo Bill Bates de gerir*. 2.ed. São Paulo: Gente, 2009.

EGREJA, S. F. *100 anos de luta de José Egreja*. São Paulo: Casa do Editor, 2001, p. 19.

E. Dytz. *Momentos de decisão*. Dados e Idéias, set-1987, p. 33.

HAWKING, S. *Breves respostas para grandes questões*. Trad. Cássio de Arantes Leite. São Paulo: Intrínseca, 2018.

IACOCCA, L.; NOVAK, W. *Iacocca*: uma autobiografia. São Paulo: Cultura, 1985, p. 341.

KAHNEY, L. *A cabeça de Steve Jobs*. Rio de Janeiro: Agir, 2011.

KANE, Y. I. *A Apple depois de Steve Jobs*. São Paulo: Saraiva, 2019.

LOYOLA BRANDÃO, I. *Thomaz e Eunice, uma evocação*: imagens da vida do casal que fundou a Drogaria São Paulo. Diadema/SP: HR Gráfica e Editora, 2008.

MACHADO, A. A. *Brás, Bexiga e Barra Funda*. São Paulo: Melhoramentos, 2013. (Clássicos Melhoramentos)

MORITA, A.; REINGOLD, E. M.; SHIMOMURA, M. *Made iIn Japan – Akio Morita e a Sony*. Trad. Wladir Dupont. São Paulo: Cultura Editora, 1987.

MORITZ, M. *O fascinante império de Steve Jobs*. São Paulo: Universo dos Livros, 2011.

SIQUEIRA, E. *2015 Como viveremos*. São Paulo: Telequest, 2004.

SPILLER, E.; PLÁ, D.; LUZ, J. F. et al. *Gestão de serviços e marketing interno*. 4.ed. Rio de Janeiro: FGV, 2011.

VENTURA, Z. *1968: O ano que não terminou*. 17.ed. Rio de Janeiro: Nova Fronteira, 1988.

VIEIRA, E. *Os bastidores da internet no Brasil*. Barueri: Manole, 2003, p. 6.

VILLA, M. A. *Quando eu vim-me embora* – História da migração nordestina para São Paulo. São Paulo: Leya, 2017.

YU, A. *Criando o futuro digital*. São Paulo: Futura, 1999.

AGRADECIMENTOS DO BIOGRAFADO

Peço licença ao autor Carlos Gati para incluir no livro meus agradecimentos especiais a algumas pessoas caras em minha vida. Primeiramente, aos meus pais, que não mediram esforços para me dar uma boa formação, educação e caráter. Com eles aprendi sempre a ponderar entre a ambição e a humildade, o que me permitiu ter a medida certa para crescer, ser bem-sucedido e, acima de tudo, poder contribuir para o desenvolvimento de uma sociedade e um mundo melhor.

Agradeço à minha mãe, Nina, que sempre teve orgulho de se apresentar como costureira profissional. Apesar da pouca formação escolar, era uma mulher destemida, à frente de seu tempo, que compartilhava comigo dicas valiosas de sua sabedoria e genialidade. Em se tratando de sabedoria, era uma verdadeira Ph.D. que me ensinou a ver o mundo de forma colaborativa e solidária.

Meu pai era mais rigoroso, exigente e defensor nato da língua pátria. Jornalista profissional, se apresentava também repleto de orgulho por ter sido autodidata na profissão, pois nunca teve a oportunidade de sentar-se ao banco de nenhuma universidade. Tratava-se de um progressista, perfeccionista e, por vezes, nacionalista de ideologias anarquistas. Um ser humano divertido e de uma inteligência admirável e contagiante, mas polêmico e quase sempre radical.

Com esse casal tive o privilégio de aprender a conviver e a celebrar as vitórias da vida como mais um passo, sem perder a humildade, a vontade de colaborar e, especialmente, o respeito pelos pares, superiores e, principalmente, subordinados.

Agradeço aos amigos que completam minha vida e me trazem felicidade. Não posso deixar de destacar o meu grande amigo, parceiro, compadre X 5 (cinco vezes), sócio e irmão de coração, Murilo Serrano, um nome presente nas linhas desta obra e marcante nas "curvas" da minha vida. Seu brilhantismo e genialidade em tudo que se propõe a fazer são sempre acompanhados de carinho e confiança. Criamos impérios, em nosso conceito e proposta de vida, de forma divertida, alegre, leve e sem perceber que era tão difícil. Foi o que ocorreu com a Connect Systems Integrator, o OFFTech Rallly Team e permanece até hoje com a Go2next Digital Innovation.

Agradeço também aos tutores Klever Kolberg e Lourival Roldan, que nos indicaram melhores rotas no Rally Dakar. Certamente, sem o compartilhamento de suas experiências, eu não teria ido e sequer completado a prova. Estendo meu agradecimento também ao amigo e design Fernando Garcia – um sábio produtor de eventos gigantescos, que esteve ao meu lado divulgando de forma criativa e inteligente a relação entre o mundo corporativo e as trilhas dos rallies de velocidade. Garcia é um profissional diferenciado, que vem traduzindo, nos últimos 20 anos ou mais, a relação entre as trilhas do mundo corporativo e as do Rally dos Sertões, devidamente retratada de forma afetiva e precisa pelo autor no livro *Nas curvas da vida*.

Muito obrigada ao Carlo Gati pela disposição e interesse em escrever essa biografia e, também, pela contribuição e apoio que sempre deu aos meus pais e a mim. Aproveito a oportunidade para pedir sua licença e dedicar esta biografia, que conta muito da minha história, à Larissa Verticchio Pichini – minha esposa, amiga e principal fonte de toda minha inspiração e dedicação.

Aos meus filhos Paulo Henrique e Rafael Henrique, dedico todo meu amor de pai e responsabilidade por torná-los seres humanos contributivos, participativos, dedicados e conectados com a evolução do mundo. Seguimos juntos nas "trilhas da vida". Eles são o alicerce dos meus planos de vida futura, mesmo sem ainda se darem conta disso, e companheiros especiais nessa jornada.

Assim sigo as trilhas da vida inspirado pelos desbravadores, superando obstáculos e desafios, mas sempre acompanhado de minha equipe. Para fazer essa jornada, me espelho em meus ancestrais e deixo as experiências e o legado dessa vivência aos meus herdeiros. Sempre acelerando... de pé no porão... rumo ao infinito e além!!!

Paulo Pichini

ALGUMAS PESSOAS QUE CONTRIBUÍRAM PARA A FELICIDADE PLENA

Com o grande amigo e jornalista Carlos Gati, autor e mentor desta obra. Juntos há mais de 50 anos, quando Paulo escutava orgulhosamente as narrativas de Carlos na Rádio Bandeirantes e outras, nos idos da década de 1970. Paulo sempre foi fã, admirador e amigo incondicional deste autor.

Paulo e seu grande amigo e parceiro Murilo, sempre presente nos grandes desafios, nos projetos internacionais, no Rally e na vida pessoal. Amigo, sócio, compadre e afilhado.

Murilo e Luciana, amiga, madrinha e afilhada de Paulo – esposa do Murilo – sempre trazendo sorriso e soluções à vida. Desde a Connect, sempre presente!

Com Murilo e os filhos, Paulinho e Rafael.

Com a esposa, Larissa Verticchio Pichini, com quem construiu sua família. Paulo Henrique V. Pichini chegou em março de 2012, e Rafael Henrique V. Pichini em outubro de 2013.

Com a esposa Larissa e os filhos, Paulo Henrique e Rafael Henrique, em diferentes momentos. "Estes meninos são a minha energia e razão para viver." (Paulo Pichini)

PARCEIROS DE TODAS AS EMPRESAS – GRANDES AMIGOS E ANJOS CORPORATIVOS. DESDE A CONNECT SYSTEMS INTEGRATOR

Com Severino, amigo e assistente pessoal.
Sempre pronto a ajudar e contribuir! "Salve, Seve!".

Com Andreia Tung e Waldir Gregoruti. Waldir está com Paulo desde 1995, e foi responsável pelo Adm/Financeiro na Connect, gerente de diversas áreas na Getronics. Assumiu a área Adm/Financeira da Go2next, desde sua fundação. Palmeirense, craque de bola, Waldir é um amigo incomparável e um ser humano diferenciado. Andreia Tung, trazida pelo Waldir para a Connect, nos idos de 1996, iniciou como recepcionista e chegou a ser Controller na Go2next. Uma pérola recheada de competência, transparência e muita sinceridade.

Com Marcos Santos e Ricardo Otero – amigos seletos, trabalharam juntos na Connect e parte da Getronics. Marcos e Ricardo fundaram a Cynet, adquirida pela Go2next em outubro de 2012. A amizade fiel e constante de Paulo com eles resultou desta aquisição e aumento da sociedade com Murilo. Hoje eles completam o Board operacional da Go2next Digital Innovation.

Com Neyre, amiga de destaque, Assistente-Executiva e fiel escudeira desde de 1997, na Connect. Neyre conhece como ninguém os momentos, o arrojo e a forma de conduzir os negócios e a vida de Paulo. Sempre chamada para as missões impossíveis nos relacionamentos com o mercado corporativo.

FONTE Minion Pro
PAPEL Pólen Natural 80 g/m²
IMPRESSÃO Paym